# DIANTE DA CRISE

Leia também de
Luc Ferry:

O QUE É UMA VIDA
BEM-SUCEDIDA?

O HOMEM-DEUS

DEPOIS DA RELIGIÃO
(com Marcel Gauchet)

A NOVA ORDEM ECOLÓGICA

DIANTE DA CRISE

LUC FERRY
com o Conselho de Análise da Sociedade

DIANTE DA CRISE

Materiais para uma política
de civilização

Relatório ao primeiro-ministro

Tradução
Karina Jannini

Copyright © Odile Jacob, maio de 2009

Título original: *Face à la crise*

Capa: Sérgio Campante
Foto de capa: Mitchell Funk/GETTY Images

Editoração: DFL

Texto revisado segundo o novo
Acordo Ortográfico da Língua Portuguesa

2010
Impresso no Brasil
Printed in Brazil

CIP-Brasil. Catalogação na fonte
Sindicato Nacional dos Editores de Livros – RJ

F456d	Ferry, Luc, 1951-
	    Diante da crise: materiais para uma política de civilização: relatório ao primeiro-ministro/Luc Ferry com o Conselho de Análise da Sociedade; tradução Karina Jannini. – Rio de Janeiro: DIFEL, 2010.
	    128p.
	
	    Tradução de: Face à la crise
	    Anexo: Carta do primeiro-ministro a Luc Ferry
	    ISBN 978-85-7432-106-6
	
	    1. Crise econômica – 2008-2009. 2. Crises financeiras – Aspectos sociais. 3. Globalização. I. França. Premier Ministre. II. França. Conseil d'analyse de la société. III. Título.

10-0588	CDD – 338.542 CDU – 338.124.4

Todos os direitos reservados pela:
DIFEL – selo editorial da
EDITORA BERTRAND BRASIL LTDA.
Rua Argentina, 171 – 2º andar – São Cristóvão
20921-380 – Rio de Janeiro – RJ
Tel.: (0xx21) 2585-2070 – Fax: (0xx21) 2585-2087

Não é permitida a reprodução total ou parcial desta obra, por quaisquer meios, sem a prévia autorização por escrito da Editora.

Atendimento e venda direta ao leitor:
mdireto@record.com.br ou (21) 2585-2002

●

O Conseil d'analyse de la société [Conselho de Análise
da Sociedade] tem por missão esclarecer as escolhas e
as decisões do governo em tudo que se refere
aos fatos da sociedade. Compõe-se de 32 membros
— universitários, pesquisadores, artistas e representantes
da sociedade civil de todas as tendências políticas
— nos domínios das ciências humanas.

●

SUMÁRIO

Uma crise inicialmente econômica, a posteriori apenas financeira, social e política 12

Sobre a globalização como sistema destruidor de sentido, ou por que a política tende a perder o controle sobre o curso da história 17

Os três efeitos históricos da globalização 28

Propostas 59
   I. *Um eixo duplo, totalmente prioritário: o auxílio às famílias, o auxílio às empresas* 63

   II. *Um eixo "equidade": em que condições todos os nossos concidadãos podem sentir-se "no mesmo barco"?* 81

III. Um eixo "educação": repensar do começo ao fim
a educação cívica, o caminho profissional,
os programas econômicos e o lugar das grandes
obras em nossos ensinamentos filosóficos
e literários 87

IV. Um eixo "redução dos déficits":
a questão da solidariedade entre as gerações 91

V. Um eixo "Europa" que finalmente a apresenta como
o bom nível para retomar as rédeas sobre um curso
do mundo que a globalização está sempre
tirando de nós 95

Conclusão 105

Anexo: Carta do primeiro-ministro a Luc Ferry 117

Contrariamente à opinião que hoje é apresentada um pouco em toda parte, em primeiro lugar a crise atual não é uma crise financeira, e sim uma crise econômica[1] — o que, em certo sentido, é muito mais grave, mais profundo e implica respostas mais fundamentais. A imagem otimista, segundo a qual haveria uma "boa" economia, a economia real, e outra "ruim", a economia-"cassino", imagem que se popularizou a partir da década de 1980

---

[1] Sem querer absolutamente envolvê-lo nas propostas que se seguirão, retomamos aqui, por nossa conta, a ideia apresentada por Patrick Artus por ocasião da excelente intervenção que ele concedeu fazer aos membros do CAS, em março passado. Ao mesmo tempo profunda, inteligente e clara, essa intervenção nos impressionou em grande medida. Que Patrick Artus se sinta aqui calorosamente agradecido. Que se agradeça igualmente, sem tampouco envolvê-lo, a Jérôme Fournel, ex-responsável pelo orçamento no Ministério da Educação Nacional e em seguida em Matignon, cuja inteligência e cuja competência são incomparáveis.

junto ao grande público com o filme *Wall Street*, não resiste à análise. Obviamente há nela certas verdades, porém, no final das contas, as verdades são bem poucas. A tese segundo a qual essas duas "economias" seriam totalmente separáveis é inexata e até absurda. Todavia, encontra ampla repercussão porque, em certo sentido, é tranquilizadora: "bastaria" (sempre essas boas e velhas expressões do tipo "só é preciso"...) "moralizar" o capitalismo, colocar alguns parapeitos aqui e ali, algumas "catracas" para impedir as audácias inconsideradas dos banqueiros, e pronto, o circo estaria armado, voltaríamos à boa prática de bancos destinados a financiar a indústria, e não a ganhar dinheiro em cima de dinheiro em nome de uma avidez tão insensata quanto ilimitada.

O problema é que a verdade é bastante diferente. Não há dúvida de que é a economia real, e não, em primeira instância, a cupidez de alguns financistas loucos, que está na origem do descontrole da famosa crise dos *subprimes* — descontrole que, obviamente, ninguém contesta, assim como, de resto, ninguém contesta a necessidade imperativa de pôr-lhe um fim. Todavia, é essencial perceber que ele é secundário, e não primário, no desencadeamento da crise. Com efeito, se o problema não reside principalmente nos desvios de certos atores (os bancos americanos), mas enterra suas raízes no próprio coração do sistema da economia moderna, as soluções que convém considerar mudam de natureza e implicam a abertura de novas perspectivas sobre a dinâmica que nos conduziu a tais dificuldades.

Esse é o espírito que anima este relatório, cujas propostas audaciosas por certo envolvem apenas seus autores, deixando — não é necessário dizer — o político totalmente livre para fazer delas o uso que bem entender. Nesse âmbito, abstivemo-nos voluntariamente de evocar as medidas já tomadas pelo governo ou aquelas sobre as quais há um consenso (recuperação através do investimento, regulamentação confiada ao G20, melhor indenização do desemprego parcial etc.), para nos concentrarmos em propostas novas, na medida do possível. Com o mesmo objetivo e em conformidade com as missões de nosso conselho, limitamos nosso discurso essencialmente às questões "societais". Portanto, este relatório não pretende absolutamente esgotar todos os domínios de respostas à crise, mas apenas criar um eixo de reflexão muitas vezes negligenciado e, no entanto, portador de sentido.

Comecemos primeiramente explicando por que é bem no centro da economia que se encontra a dificuldade, e não apenas em seus desvios do universo "maléfico" das finanças. Aqui, obviamente nos ateremos aos grandes traços da análise, que são suficientes para prosseguirmos com nossa reflexão.

Uma crise inicialmente econômica, a posteriori *apenas financeira, social e política*

Desde a década de 1980, conforme mostrou sobretudo o economista Patrick Artus, os países ocidentais mais industrializados e, em particular, os Estados Unidos, conheceram uma bipolarização crescente do mundo do trabalho, de um lado com trabalhadores com elevada formação, que se beneficiavam de altas remunerações, e, de outro, ao contrário, uma massa de assalariados parcamente recompensados por serem menos qualificados. Falando claramente, a globalização reduziu em grande medida o que poderíamos chamar de "faixa de preço mediana" no leque de empregos, e, se quisermos dizer as coisas de maneira mais brutal, conduziu a uma incrível compressão das classes médias. No entanto, eram estas que estavam impulsionando o crescimento e consumindo mais. Eis a razão para a nova equação a ser resolvida, para que o desenvolvimento econômico continue: como produzir crescimento, apesar dessa bipolarização, desse enfraquecimento das classes médias? Resposta: graças ao endividamento maciço das famílias, ao mesmo tempo mais numerosas e menos ricas. Consequência: a partir de então, já não são os salários que carregarão o crescimento, mas os créditos. Em outros termos, a riqueza se fará não mais com a riqueza, mas com a dívida. Eis a razão, nos últimos 15 anos, para o estabelecimento, nos Estados Unidos, de sistemas de empréstimo a risco muito alto, concedidos não sobre os rendimentos das pessoas envolvidas, mas sobre os bens que elas irão adquirir — no caso, imobiliários. Por conseguinte, eis a razão também para a famosa crise dos *subprimes*, ou seja, dos clientes de "segunda escolha", que foram intensamente estimulados a se endividar muito além do razoável.

Desse modo, a crise encontra-se ligada não apenas à queda no comércio imobiliário, mas também, de maneira mais fundamental, ao fato de que as capacidades de endividamento estão saturadas — desse ponto de vista, a França, onde, de modo geral, concede-se empréstimo apenas aos ricos, é um caso bastante particular (uma vez que a taxa de endividamento dos franceses permanece relativamente fraca). Isso também explica o fato de que nos Estados Unidos os setores mais afetados são aqueles, como o automotivo, em que na maioria dos casos é necessário recorrer a um crédito cujos limites passam a ser atingidos. Notemos ainda que é a partir de 1993 que o governo americano estabelece o Commity Reinvestment Act, que obrigará os bancos a emprestar mais aos menos afortunados — eis por que é sobre o valor dos bens comprados que os empréstimos são hipotecados, enquanto na França, em geral, eles são concedidos em função dos rendimentos das famílias.

Se admitirmos a reflexão anterior — e que as cifras do endividamento americano corroboram sem erro —, compreenderemos em que sentido é apenas em um segundo momento, no pano de fundo dessa nova lógica econômica, que a crise financeira irá inserir-se. Pois é bem *a posteriori* que os créditos de risco serão titularizados e disseminados no conjunto dos bancos pelo mundo, sendo dissimulados, com a cumplicidade das agências de *rating*, em produtos financeiros pouco decifráveis — dos quais, pelo que se diz, os próprios banqueiros não entendiam grande coisa... Evidentemente, não há dúvida alguma de que, para levar a bom êxito essa operação, também foi necessária a colaboração ativa de alguns banqueiros, sobretudo em se tratando do Banco Central americano, que não podia deixar de entender e aprovar ativamente o que se passava. Todavia, é igualmente verdade que o mundo das finanças, por mais culpado que seja, não está na origem primordial da crise, que, a princípio, provém da economia real. Foi no pano de fundo dessa lógica que o excesso de endividamento alimentou uma bolha especulativa nas áreas imobiliária e financeira, bolha essa cujo estouro produz, como sempre nessa hipótese, efeitos negativos de perda de confiança, que afetam prioritariamente o sistema bancário e acabam repercutindo na economia real, tornando difícil o acesso ao crédito, com as consequências que hoje todo o mundo conhece, a princípio sobre o emprego, depois sobre o consumo e, amanhã, sobre o poder de compra.

Obviamente ainda há outras dimensões nessa crise — sobretudo uma oscilação, que desta vez todos os observadores notaram, do Ocidente em direção à Ásia. Para dizer a verdade, três eventos se interpenetram na década de 1990: a engrenagem de uma lógica maciça de endividamento que acabamos de evocar, a entrada na cena econômica mundial dos grandes países emergentes e o aumento delirante das exigências de remuneração do capital (o que em geral é chamado de "curto-prazismo"). Não pretendemos absolutamente analisar aqui todos esses aspectos — o que ultrapassaria de longe o âmbito de nosso propósito. Mais uma vez, o que é essencial para nós é entendermos corretamente que, a princípio, foi a economia real a estar na origem da crise financeira e bancária e, em seguida, da crise de confiança que, por sua vez, retroagiu sobre a economia real.

Por certo, isso é muito mais inconveniente.

Ainda que as taxas de endividamento dos franceses sejam de duas a três vezes menores do que as dos americanos, seria arriscado buscar um remédio para a crise tomando o mesmo caminho que estes últimos, pois foi ele que conduziu ao desastre. Talvez haja um pouco de margem, mas o caminho não é o ideal. Quanto à "solução", que consiste em encontrar novos mercados, por exemplo a economia verde, por mais sensata que ela seja na ótica de se reconciliar com um crescimento fundado na riqueza, e não na dívida, ela corre o risco de mais uma vez não passar de uma *fuite en avant*.* Tal solução é necessária e, de resto, até desejável, contudo, conforme veremos em breve, ela não mudará a natureza intrinsecamente problemática e profundamente frustrante do sistema da globalização liberal. Pois não é a "má economia-cassino" que está em questão, e sim a "boa economia real", e é por razões essenciais que agora é preciso analisar se queremos prestar contas da parte de *nonsense* que

---

* Expressão para indicar uma ação que, embora arriscada, é executada com o intuito de acelerar um processo econômico ou político perigoso, mas incontrolável. (N. T.)

a globalização implica, sejam quais forem seus benefícios,[2] e tentar, se possível, remediá-la.

*Sobre a globalização
como sistema destruidor de sentido,
ou por que a política tende a perder
o controle sobre o curso da história*

O que viria a ser a globalização?

Antes de mais nada, trata-se de dois momentos cruciais na história da Europa, de dois eventos que fazem época em nosso continente, antes de se estenderem ao resto do planeta.

A primeira fase da globalização se confunde simplesmente com a gigantesca revolução científica, que terá início no século XVI, marcará o século XVII e literalmente "explodirá" no século XVIII com as Luzes. Certamente essa revolução é a dos gênios que rompem com visões antigas do mundo, que liquidam a alquimia e o animismo

---

[2] Que não tentemos negar: de modo geral, as desigualdades podem até ter aumentado no mundo por conta da globalização, mas isso não impede que os mais pobres tendam, apesar de tudo, a ser menos pobres do que antes. Acima de tudo, a globalização implica uma abertura dos países, uns em relação aos outros, o que em si é algo muito bom. Portanto, trata-se aqui de desvelar seus efeitos perversos e intrínsecos, e não de condená-la globalmente.

da Idade Média para inventar os princípios de uma compreensão enfim racional e científica do universo — Copérnico, Kepler, Galileu, em certos aspectos Descartes e, acima de tudo, Newton, que podemos considerar o primeiro físico moderno. Por que esse evento é tão importante e que vínculo mantém com a "nossa" globalização de hoje?

Mais uma vez, digamos as coisas com simplicidade: com a ciência moderna, pela primeira vez na história da humanidade — e esta novidade é tão radical que por certo merece uma reflexão — surge um discurso, o da razão experimental, que finalmente poderá pretender, de maneira legítima e confiável, *valer para toda a humanidade*. Até então, todas as visões do mundo, todas as culturas, as artes, as literaturas, as filosofias, bem como todas as religiões tinham uma validade apenas local e regional. Apesar do nome, a própria religião católica — católico, em grego, significa efetivamente "universal" — valia apenas em um cantinho do mundo. Era preciso ter a arrogância dos europeus para imaginar que o nome de Cristo fosse conhecido nos confins da Índia ou da China. A verdade é que, no século XVIII, ele nada significava para um lavrador cantonês ou indiano (muitos são aqueles que ainda hoje o ignoram). Em contrapartida, os princípios da ciência moderna poderão expandir-se em todo o universo, ser ensinados pouco a pouco, por intermédio das escolas, a todas as crianças do mundo. Por quê? Simplesmente porque o princípio da inércia ou aquele da gravitação vale tanto para os ricos quanto para os pobres, tanto para os poderosos quanto para os fracos, tanto para os aristocratas quanto para os plebeus, tanto para os chineses quanto para os indianos, os franceses, os alemães, os italianos ou os ingleses! São essencialmente "globais", universais. E é com a ciência moderna que pela primeira vez se produz tal milagre, se assim ousarmos dizer.

No entanto, para compreender o que irá separar nossa globalização atual dessa primeira era, é preciso notar o seguinte: no momento em que ela alça voo, especialmente com o Século das Luzes, aquele famoso século XVIII de Hume, Kant e dos enciclopedistas franceses, como Voltaire, Diderot, D'Alembert e seus pares, a primeira globalização, aquela que podemos identificar na prática com a revolução científica, parece ser levada, para não dizer englobada, por aquilo que desta vez podemos designar, com razão, como um formidável "projeto de civilização". Não se trata apenas de compreender o universo, de penetrar seus mistérios, de dominá-lo por dominá-lo, e sim de construir uma civilização nova, de edificar um mundo moral e político, aquele que em pouco tempo a Revolução Francesa pretenderá engendrar, revolução essa na qual finalmente os homens serão mais livres e mais felizes. Em outros termos, aos olhos dos espíritos "esclarecidos" da época, a história possui uma *finalidade superior*, um senso comum. Desse modo, trata-se realmente de uma "política de civilização", que se estabelece na medida em que, com as Luzes e o progresso das ciências, se tem em mira um duplo objetivo: *liberdade e felicidade, emancipação dos homens e bem-estar finalmente democratizado* — aquela felicidade sobre a qual Saint-Just dirá um pouco mais tarde que é "uma ideia nova na Europa".

Portanto, uma dupla finalidade da história humana que logo será reagrupada sob o belo nome de "progresso": eis as Luzes e, com elas, a essência da primeira globalização. Ela toma então como ponto de apoio a crença — otimista — na ideia de uma melhora lenta, mas inelutável, da humanidade pela política, na convicção de que nasceu um ideal que deve animá-la, guiá-la e que engloba a própria ciência, no sentimento de que a história finalmente possui um sentido e de que seus avanços podem medir-se por um critério bem estabelecido: a emancipação progressiva da espécie humana e sua marcha difícil, porém certa, rumo ao bem-estar — o que, no conjunto, será chamado de humanismo, democracia, república...

Conforme veremos, a segunda globalização, aquela em que nos banhamos hoje e que emerge realmente na segunda metade do século XX com o nascimento dos mercados financeiros modernos, ligados à comunicação instantânea na Internet, representa, ao mesmo tempo, um produto da primeira e uma ruptura total com ela. O que, com efeito, irá caracterizar a segunda globalização é uma "queda", no sentido bíblico ou platônico do termo. Para dizer de maneira simples, a revolução científica que acabamos de evocar irá "cair" e, de certo modo, "perder sua alma". Ela cairá em uma estrutura — a do capitalismo, para chamá-la pelo nome — em que será submetida a uma economia de competição em todas as direções e no seio da qual irá mudar radicalmente de significado.

De que se trata? Simplesmente do seguinte: sob o efeito da competição generalizada entre os países, as empresas, os laboratórios de pesquisa, as universidades etc., o universo em que entramos tenderá não apenas a nos escapar por todos os lados, mas também a se afirmar como sendo desprovido de sentido, na dupla acepção do termo, privado ao mesmo tempo de significado e de direção.

Para entender corretamente essa ruptura radical, consideremos um exemplo simples, do qual todo o mundo é testemunha. Todo ano, todo mês, quase todo dia nossos celulares e nossos computadores mudam. Evoluem.

funções se multiplicam, as telas crescem, ficam coloridas, as conexões com a Internet melhoram, as velocidades e as memórias aumentam, os dispositivos de segurança progridem... Esse movimento, diretamente criado pela lógica da competição, é tão irrefreável que uma marca que não o seguisse acabaria por suicidar-se. Há nisso uma coerção de adaptação que nenhuma delas pode ignorar, quer isso agrade, quer não, quer tenha ou não um sentido. Não é uma questão de gosto, uma escolha entre outras possíveis, e sim um imperativo absoluto, uma necessidade indiscutível caso simplesmente se queira sobreviver.

A constatação é banal. Suas consequências, nem tanto. Pois, nessa nova globalização, que atualmente coloca todas as atividades humanas em um estado de concorrência incessante, a história passa a mover-se fora da vontade dos homens. Talvez alguns digam que esse sempre foi o caso, e em parte terão razão. Apenas em parte, pois, justamente, a promessa republicana por excelência residia na ideia de que, ao deixar o Antigo Regime, finalmente poderíamos fazer nossa história juntos, tomar parte coletivamente em sua elaboração: a concorrência devia, tanto quanto possível, ser posta a serviço de um projeto e de ideais comuns que a transcendessem. Essa promessa começava a tomar forma no dia seguinte da guerra, por exemplo, com o voluntarismo gaulliano,* em um âmbito que ainda era, em ampla medida, aquele do Estado-nação. Hoje, ela é manifestamente traída como nunca. Para empregar uma metáfora eloquente: assim como uma bicicleta deve avançar para não cair, ou um giroscópio deve girar sem interrupção para permanecer em seu eixo e não cair do fio onde foi colocado, precisamos "progredir" sem parar; no entanto, esse progresso mecanicamente induzido pela luta que visa à sobrevivência já não está situado no seio de um projeto mais vasto. Ele já não se encontra absolutamente integrado a um grande propósito, mas depende apenas da necessidade — o que fez com que se tornasse, ao mesmo tempo, mecânico, automático, anônimo e cego.

Com a globalização da competição, a história acaba mudando radicalmente de sentido: em vez de pretender, ainda que em princípio, inspirar-se em ideais transcendentes, o progresso ou, melhor dizendo, o *movimento* das sociedades tende a ser apenas o resultado mecânico da livre concorrência entre seus diferentes componentes. Para bem compreendermos essa cesura com o tempo das

---

* Em francês, *gaullien*. Nesse caso, optamos pela tradução "gaulliano", e não "gaullista" (*gaulliste*), uma vez que o termo em francês se refere à pessoa e ao pensamento do general De Gaulle, e não à tendência política que ele representa. (N. T.)

Luzes, basta refletirmos um instante no que segue e que está diretamente ligado ao exemplo que evocamos anteriormente: no seio das empresas, mas também dos laboratórios científicos e dos centros de pesquisa, a necessidade de se comparar ininterruptamente às outras — o que atualmente é chamado de *benchmarking* —, de aumentar a produtividade, de desenvolver os conhecimentos e, sobretudo, suas aplicações na indústria, na economia, em suma, no consumo tornou-se um imperativo simplesmente vital.

A economia moderna funciona como a seleção natural de Darwin: em uma lógica de competição globalizada, uma empresa que não progredir todos os dias estará fadada a morrer. Eis a razão para o extraordinário e incessante desenvolvimento da técnica, ligada ao progresso econômico e amplamente financiada por ele. Eis também a razão para o fato de o aumento do poder dos homens sobre o mundo ter se tornado um processo totalmente automático, incontrolável e até cego, uma vez que ultrapassa de todos os lados as vontades individuais conscientes.

Os altermundialistas imaginam que, por trás dos mercados financeiros, haja gente "graúda" e poderosa, avatares das "duzentas famílias", estimadas na década de 1930, que, tais como marionetistas, puxam os fios por cima. Se tivessem razão, esta seria a melhor notícia do século! Pelo menos haveria responsáveis, ainda que maléficos (pois é assim que os imaginam)! Evidentemente, a verdade é bem diferente: por trás dos mercados financeiros, como, aliás, por trás da vida da imprensa, não há nada nem ninguém, apenas a poderosa e mecânica lógica do audímetro ou, para falar na língua deles, da "mercantilização do mundo". A história é apenas o resultado quase inevitável da competição. Nesse sentido, contrariamente ao ideal de civilização herdado das Luzes, a globalização técnica é mesmo um processo sem finalidade, desprovido de toda espécie de objetivo definido: ninguém sabe mais para onde nos leva o curso de um mundo mecanicamente criado pela concorrência, e não dirigido pela vontade consciente dos homens, reagrupados coletivamente em torno de um projeto, no seio de uma sociedade que, ainda no século XX, podia chamar-se *res publica*, república (etimologicamente, "questão" ou "causa comum"). No centro desse universo já não se trata, como ainda se imaginava no tempo das Luzes, de dominar a natureza ou a sociedade para ser mais livre e mais feliz, e sim de subjugar por subjugar, de dominar por dominar. Por quê? Por nada, justamente, ou, antes, porque simplesmente é impossível agir de outro modo.

Nessa perspectiva, é evidente que a política tenda a esvaziar-se de seu sentido. A princípio porque o sentido da história, justamente, obscureceu-se por completo. Avançamos cada vez mais rápido — Daniel Halévy já falava, no século XX, de uma "aceleração da história" —, porém em um nevoeiro cada vez mais denso, e isso por razões estruturais totalmente fundamentais: os focos de competição, que formam como que a mesma quantidade de pequenos motores da história, estão disseminados pelo planeta em número potencialmente infinito, e ninguém pode ter uma visão global deles. As mesmas causas provocam uma perda de controle dos políticos sobre um curso do mundo que manifestamente lhes escapa cada vez mais. De resto, não fosse esse o caso, seria incompreensível que ainda houvesse desemprego, recessão, dívida, déficits etc. Se a política tivesse mantido sua influência sobre a história, todos esses problemas estariam resolvidos há muito tempo ou em vias de sê-lo. No entanto, não basta dizer que não estão resolvidos, uma vez que, evidentemente, a boa vontade de nossos governantes não está em questão, *q.e.d...**

Eis por que é preciso ter coragem para dizer que, em um mundo "globalizado", em um mundo em que a crise revela a todos a ameaça real do *dumping* social, ligado ao surgimento de novos atores, tais como a Índia e a China,

---

* *Quod erat demonstrandum:* como queríamos demonstrar. (N. T.)

o problema político número 1 já não é um problema de direita/esquerda, e sim, de maneira muito mais profunda e antes de tudo, um problema de margem de manobra: como encontrá-los em um universo que nos escapa por todos os lados? Hoje, essa é a questão republicana por excelência e que deve preocupar tanto a direita quanto a esquerda, e pelas mesmas razões. De resto, assim que deixamos o campo político nacional, parece evidente que hoje os debates entre os principais dirigentes europeus têm apenas uma relação muito distante — é o mínimo que se pode dizer — com suas filiações políticas nacionais.

Mas é preciso ir ainda mais longe na análise, mesmo que ela tenha de nos afastar por um momento das únicas considerações econômicas e políticas. Pois a progressão dessa lógica nova da globalização possui consequências morais e culturais tão impressionantes que a política não pode deixar de levá-las em conta. É indispensável ter em mente ao menos três delas se quisermos reconstruir um projeto de envergadura. São elas:

A — Uma desconstrução sem precedentes dos valores tradicionais, ligada ao imperativo absoluto da inovação.

B — As novas contradições intelectuais e morais do capitalismo.

C — Uma sacralização paradoxal do humano no seio da família moderna.

Os três efeitos históricos da globalização

Parece-nos que essas três consequências da globalização devem ser levadas em conta e bem compreendidas pelos políticos, sobretudo porque esboçam, como que indiretamente, o caderno de encargos de um novo projeto político. Com efeito, constituem evoluções fundamentais, momentos de uma história de fôlego, e é apenas ao considerá-las como tais que poderemos traçar os pontilhados que podem prolongar essa história.

A. DO CAPITALISMO COMO REVOLUÇÃO PERMANENTE

Sob a desconstrução das tradições, havia o imperativo absoluto da inovação; sob os paralelepípedos, não a praia, mas a globalização liberal!

Ainda que já não tenhamos nenhuma consciência disso, de tanto que estamos habituados às mudanças e inovações de toda espécie, vivemos um século XX diferente de qualquer outro, um século que, do ponto de vista da "desconstrução" dos valores e das autoridades tradicionais, não se parece com nada conhecido até então; uma época, portanto, que, pelo que sabemos, não possui nenhum precedente histórico. Basta adotar uma visão impertinente sobre a história da "alta cultura" para medir a amplitude dessa permanente revolução da qual nosso continente europeu foi palco: em menos de um século, desconstruímos a tonalidade na música, a figuração na pintura, subvertemos as regras clássicas da literatura, do teatro e da dança e, muito além ainda, revolucionamos todas as figuras tradicionais do "superego", das morais convencionais, religiosas ou "burguesas", como se dizia em 1968. Não se trata aqui de fazer julgamentos de valor a favor ou contra, menos ainda de especular sobre o registro da nostalgia. O que queremos ressaltar é a que ponto, em um lapso incrivelmente curto — apenas alguns decênios —, os princípios tradicionais de uma cultura clássica que valiam para alguns havia séculos desmoronaram com o nascimento, em sentido amplo, do "modernismo".

Para dizê-lo de maneira ainda mais direta e tomar referências desta vez na vida cotidiana, e não em uma esfera que poderíamos objetar por continuar elitista, os campos conhecidos na infância por aqueles que hoje estão nos negócios e que têm, digamos, entre cinquenta e setenta anos, talvez tenham mudado mais nesse espaço de tempo do que em três séculos! Quem não conheceu os lavadouros, ainda em atividade, as forragens feitas com foicinho ou o café moído nos moinhos manuais, hoje só encontrados em antiquários, não pode saber o que estamos evocando aqui — não por nostalgia, mas apenas para retomar, um pouco que seja, a medida da brutalidade dessas rupturas. A esse respeito, alguns historiadores chegaram até a falar no "fim dos camponeses".

Para evocar ainda outro indício, a condição feminina dessa época, embora não tão distante, também foi subvertida, talvez como nunca na história. Pelo menos na Europa, a situação das mulheres provavelmente mudou mais em cinquenta do que em quinhentos anos. E mudou de maneira tão brutal que as novas gerações nem conseguem dar-se conta. Lembremos que, até 1975, na França, a esposa devia pedir autorização ao marido para abrir uma conta no banco — e até mesmo para tomar pílula, que, de resto, só foi legalizada depois de 1967! —, o que, temos de admitir, lembra mais o mundo dos Flintstones do que a vida contemporânea. No mesmo estilo, quando dizemos a nossos filhos que o último cantão da Suíça a conceder direito de voto às mulheres só o fez em abril de 1991, eles podem até cair da cadeira... Lembremo-nos também, ainda para aqueles que nasceram nas décadas de 1940 ou 1950, da maneira como era recebida em nossos liceus a pobre infeliz que, como se dizia então sem pestanejar, havia "pecado" e engravidava sem estar casada! A "gente grande", para falar como o Pequeno Príncipe, a chamava de "mãe solteira" com desdém, se não com repugnância. Inútil dizer que era um drama absoluto nas famílias e, evidentemente, um motivo de exclusão na maioria de nossos estabelecimentos escolares. Não há certeza de que hoje medimos o suficiente a incrível ruptura em que doravante nos vimos envolvidos em relação a valores tradicionais, ainda recentemente sentidos como quase sagrados por uma imensa maioria de nossos concidadãos.

Poderíamos dar milhares de outros exemplos dessas subversões, e cada um poderá completar o quadro à sua maneira. Podem ir da mudança de olhar sobre a homossexualidade àquela da atmosfera de nossas escolas, passando por esta ou aquela revolução científica ou política. Lembremo-nos, por exemplo, da famosa obra *Topaze*, de Marcel Pagnol, encarnada no cinema por Louis Jouvet no início da década de 1930, com o célebre ditado "os carneirinhosss passavammm pelo campo", enunciado em um silêncio de catedral diante de alunos uniformizados e religiosamente debruçados sobre carteiras de madeira, manchadas por tinteiros de porcelana branca, cheios de tinta cor violeta, nos quais se embebiam canetas Sergent Major. Comparem a atmosfera das classes dessa época com aquela representada por um filme atual, como *Entre os muros da escola*: novamente, é quase impossível medir o abismo de uma amplitude inimaginável que separa as duas cenas. Se entrasse em uma sala de aula atual, provavelmente Topaze teria uma síncope. Mais uma vez, cada um de nós poderá, à sua maneira, prolongar a lista dos exemplos que ilustram esse século de rupturas. Será possível até mesmo acrescentar outras revoluções, mais "objetivas" e técnicas, menos ligadas às mentalidades, a começar, evidentemente, por aquelas no campo audiovisual e, um pouco mais tarde, digital e da Internet.

Pelo menos está claro — e é aonde queremos chegar — que o século XX foi um século de inovações e de tábua rasa, de mudança e de desconstrução tanto dos valores quanto das autoridades tradicionais, em um grau absolutamente inédito na história humana. Ele funcionou sobre esses valores e essas autoridades como um ácido superpoderoso, e hoje a erosão destes é tão profunda que, quando muito, dela já nem temos consciência. Por certo, vale lembrar, ainda que não se trate de nostalgia, isso não deixa de ter consequências graves sobre a impressão de "perda de referências" e de sentido, que com tanta frequência ouvimos ser evocado por nossos concidadãos mais velhos.

No entanto, é importante notar que, quanto ao essencial, pelo menos se nos ativermos às primeiras aparências, essas mutações parecem ter sido introduzidas ou assumidas por "boêmios", por jovens mais de esquerda, ainda inspirados pela ideia revolucionária, cuja estrutura — tábua rasa/inovação — é onipresente no modernismo de vanguarda. Se tivéssemos tempo, poderíamos facilmente mostrar como o "gesto boêmio", assumido por "contestadores", não cessou de se repetir e, ao mesmo tempo, se ampliar ao longo do século XX. Para dizer a verdade, ele começa a se estabelecer a partir de 1830, antes de encarnar-se em uma série de grupelhos diversos, depois, com o êxito que já conhecemos, no famoso Bateau-Lavoir,* onde Picasso e seus amigos irão, enfim, inventar a arte moderna. Ainda irá se prolongar em muitos outros movimentos, nesses "ismos" que pontuarão a história da vanguarda: o dadaísmo de Tristan Tzara, o surrealismo da década de 1930, o situacionismo da década de 1950 etc., até maio de 1968, que, em todos os domínios, marca a democratização última, pelo menos até aquele dia, do vanguardismo boêmio.

Todavia, é preciso saber, aqui como alhures, ir além das aparências.

---

* Antigo imóvel na colina de Montmartre, em Paris. Local de reunião dos pintores e poetas iniciadores do cubismo. Picasso foi um de seus inquilinos (1904). (*Dicionário enciclopédico ilustrado Larousse*. São Paulo, Larousse do Brasil, 2007.) (N. T.)

A primeira chave do século XX, aquela que abre o maior número de portas e nos oferece a compreensão mais penetrante, resulta do seguinte: paradoxalmente, os boêmios — apesar de sua oposição feroz aos burgueses, e, por sua vez, apesar do ódio ou do desdém com que por muito tempo estes últimos irão gratificá-los — foram apenas o braço armado da expansão do mundo capitalista, o instrumento da realização do que por fim será chamado de "sociedade de consumo". Em outros termos, os boêmios, longe de aniquilar o mundo dos filisteus e de inventar uma ordem nova no plano econômico e político, na realidade serviram como nenhum outro grupo ao impulso, à expansão e à prosperidade dos burgueses. Hoje, ainda que possa parecer provocadora, essa ideia é evidente. Poderíamos resumi-la da seguinte maneira: *era preciso que os valores e as autoridades tradicionais fossem desconstruídos pelos boêmios para que pudéssemos entrar na era do grande consumo, sem a qual o capitalismo globalizado simplesmente não seria possível*. Com efeito, para que a renovação incessante dos valores da moda e do consumo triunfe para o grande benefício daqueles que lançam novos produtos, é necessário que os ideais tradicionais da moral, do patriotismo e da religião deixem de constituir um obstáculo para eles e lhes cedam o papel principal na estruturação da vida tanto individual quanto coletiva. Em outros termos: se nossos filhos tivessem os mesmos valores que nossas bisavós, certamente não comprariam nem a décima parte do que cobiçam hoje! De resto, a recíproca também é verdadeira: se nossas bisavós vissem um de nossos grandes centros comerciais, é bem provável que achassem que esse novo templo construído para os deuses do consumo transpirasse estupidez e obscenidade. Certamente pensariam que tudo isso é desnecessário, que essas engenhocas extravagantes que lotam as prateleiras nos afastam dos verdadeiros valores, a saber, *grosso modo*, dos deveres para com o outro, mas também para consigo mesmo.

Portanto, era preciso que a visão tradicional do mundo fosse desconstruída em todas as suas peças para que, finalmente livres dos tempos idos que freiam o consumo, pudéssemos nos entregar a ele sem contenções... pelo menos, é claro, no limite de nosso poder de compra! Assim, sem saber nem obviamente querer, os desconstrutores cumpriram a obra de burgueses que, de resto, tampouco previam o que estava por vir e, com o passar do tempo, chegavam a se escandalizar com as inovações intempestivas dos artistas malditos, *antes de hoje se tornarem seus principais mantenedores*. Sem a tábua rasa dos valores antigos, o mundo moderno, o mundo do consumo simplesmente teria sido impensável — e, também a esse respeito, não se pode deixar de dizer, os boêmios foram um pouco, e às vezes até muito, os traídos da história ou, como se preferirá, pagaram o pato. Queriam acabar com o mundo burguês e, no final, só o expandiram e o reforçaram.

A prova? Primeiramente o fato de que no fim provisório, mas já bem visível, dessa história do individualismo revolucionário à qual se acabou resumindo o vanguardismo do século XX, no fim dessa oposição entre burgueses e boêmios, os irmãos inimigos se reconciliaram amplamente. Quem sustenta hoje as obras da arte moderna, há pouco tempo ainda vilipendiadas pelos filisteus... senão os mais burgueses dentre nós? Isso não é uma crítica, apenas uma constatação. Hoje, são os grandes industriais que literalmente adoram a arte contemporânea, que compram as obras julgadas mais inovadoras e que criam fundações. Aliás, foi Georges Pompidou, provavelmente o mais burguês de todos os nossos presidentes, o fundador do maior museu de arte contemporânea da Europa, que com razão traz seu nome. Foi ele também que tomou a decisão de fazer Picasso entrar para o Louvre ainda em vida, o que, salvo erro, não aconteceu com nenhum outro artista. Picasso, um autêntico comunista do grande período stalinista, entronizado por um ex-banqueiro que se tornou líder da direita francesa!

Por ser engraçada, a imagem não deixa de ser altamente simbólica da reconciliação final, para não dizer da conivência involuntária no início, mas estrutural em sua base, entre o burguês e o boêmio. O "operário", como se dizia ainda recentemente, pouco se interessa pela arte abstrata. Aliás, ele está muito distante de ter meios para se oferecer um Rothko ou um Basquiat. Se os tivesse, talvez fosse como alguns de nós (nem todos, e nossa opinião diverge amplamente a esse respeito): se fosse para investir em arte, ele iria preferir que ela fosse, como se diz nas famílias, "bem-feita" e que a obra possuísse o mínimo de vínculos com a ideia que ele tem de beleza... No mesmo sentido, a figura do "burguês boêmio", que surge no final do século XX, nada tem de anedótica nem de contingente: é uma maneira de finalmente revelar um segredo, de marcar o fim da guerra que por tanto tempo opôs burgueses e boêmios, mas que hoje está amplamente apagada.

Todavia, será que isso significa que ela sustentou a sociedade de consumo em vez de aniquilá-la, que a desconstrução foi catastrófica, que maio de 1968 foi um lamentável fracasso e a arte contemporânea, um impasse? De modo algum: talvez a erosão das tradições tenha sido calamitosa em alguns níveis, especialmente na escola e, de maneira mais extensa, em todos os domínios que, como a civilidade e o domínio da língua, supõem o respeito pelas heranças e pelos patrimônios. Basta pensar no seguinte para compreendê-lo: nenhum de nós inventou as regras da boa educação, não mais do que aquelas da gramática. Em 100% dos casos ou quase, trata-se de tradições, heranças e patrimônios. Nessa matéria, a desconstrução das tradições associada à sobrevalorização da criatividade, tão cara aos "modernistas" e a outros "renovadores pedagógicos", legitimou o que hoje todos deploram: o aumento das incivilidades e o retorno do analfabetismo. A escola pagará, e ainda paga, o preço da desconstrução das tradições. Porém, sejamos justos, em muitos outros aspectos esse século de inovação e de erosão também libertou, de uma só vez, mil coisas preciosas no ser humano, dimensões da existência que os séculos passados não viam ou se recusavam amplamente a levar em conta: a sexualidade, o irracional, o corpo, a criança em nós, algumas formas inéditas ou inconfessadas de afetividade e de amor, a parte de feminilidade dos homens ou de virilidade das mulheres, a pluralidade dos pontos de vista, nossas incoerências e nossas fraquezas íntimas... em suma, elementos da vida humana que somente a desconstrução dos boêmios podia, ao mesmo tempo, emancipar e introduzir na arte, na literatura, depois na política e, de modo mais simples ainda, na vida cotidiana.

Resumindo, *por trás da desconstrução das tradições, havia o surgimento do capitalismo globalizado: ou, para parodiar uma fórmula célebre de maio de 1968, sob os paralelepípedos, não havia a praia, mas a globalização liberal*. Isso naturalmente nos conduz a nosso segundo ponto: as contradições culturais e morais, que agora nascem não mais entre os boêmios, mas entre os próprios burgueses, dessa incrível virada de situação.

B. AS NOVAS CONTRADIÇÕES CULTURAIS
E MORAIS DO CAPITALISMO

Seria permitido sorrir um pouco em um relatório entregue ao primeiro-ministro? Que nos seja perdoado o fato de imaginar por um instante que a resposta seja positiva. Assim como Molière elaborou para nós o quadro do Misantropo, do Tartufo ou do Doente Imaginário, para apreendermos agradavelmente as novas contradições do capitalismo, teríamos de imaginar o retrato do homem de direita ideal e típico dos anos 2000.

Imaginemo-lo nesta ocasião como um diretor de empresa de sessenta ou setenta anos. Em 2002, ele votou no presidente Chirac, mas até hoje se arrepende. Seu vencedor, inigualável na conquista do poder, decepcionou-o em seu exercício: as 35 horas de trabalho continuam no lugar, bem como o ISF;* os encargos das empresas só fizeram aumentar, assim como a dívida e os déficits públicos! Sempre que os estudantes desciam para as ruas, promessas tentadoras eram feitas, mas, no final, o resultado não era exatamente o esperado. É muito simples: se houvesse um campeonato mundial de marcha a ré, a direita o venceria com o pé nas costas! Em todo caso, é assim que pensa nosso homem de direita. Seu único consolo, que, no entanto, lhe parece pequeno, é que se fez certo progresso na reforma das aposentadorias. De resto, como sinal dos tempos, isso não trouxe felicidade para seus principais autores, que se viram "licenciados" no pior sentido do termo... Portanto, nosso diretor de empresa fica satisfeito que um jovem presidente, dinâmico e corajoso, tenha assumido a sucessão. Ele só torce para que este último "aguente firme", e espera para ver com circunspecção. Gato escaldado tem medo de água fria...

Sua vida privada também não é um mar de rosas. Por exemplo, quando sua filha tem a infeliz ideia de convidar seus netos e os respectivos colegas de classe para um bolinho de aniversário em seu belo apartamento, ele fica

---

* *Impôt de solidarité sur la fortune*: na França, imposto cobrado de pessoas físicas que possuam um patrimônio superior ao estipulado pela lei. (N. T.)

espantado. Esses jovens, todos emperiquitados, são incapazes de dizer bom-dia, obrigado ou até logo de maneira conveniente. Por acaso vocês já tiveram a infelicidade de conversar com eles sobre literatura, música ou história? É um vazio total! Se algum dia eles lhes escreverem uma carta — mas não há perigo algum de isso acontecer... —, ela será repleta de erros de ortografia. Aliás, é normal, uma vez que a escola já não funciona e que o mamute* é irreformável. Mais tarde, como é de esperar, esses jovens procurarão um emprego, mas certamente não um trabalho! Não é de surpreender que a situação do comércio esteja melhor em Londres, até mesmo em Bruxelas ou Madri do que em Paris! Em suma, nosso diretor de empresa acha que tudo está se degradando e que o declínio é uma ameaça (ele leu Nicolas Baverez** com uma deleitação morosa...). Estou exagerando um pouco, para dizer a verdade, bem pouco, uma vez que o diagnóstico produzido por nosso amigo está longe de ser inteiramente falso. Talvez não disponha de acabamento, tal como todos os seus julgamentos sobre a política e a história, mas contém elementos factuais pouco contestáveis.

---

* Designação dada ao sistema educacional da França por Claude Allègre, quando era ministro da Educação em 1997. (N. T.)
** Economista e historiador francês. (N. T.)

O único senão — e lhe dizemos isso fraternalmente, até porque, de resto, vários dentre nós são próximos dele e também pertencem à direita republicana — é que ele é o único responsável por essa situação. Eis a razão: quer ele venda telefones celulares, roupas velhas ou "momentos que os cérebros têm disponíveis para aluguel",* nosso diretor de empresa tem apenas um objetivo, pelo menos em sua profissão: que nossos filhos se tornem ardentes consumidores. De resto, não podemos querer mal a ele: trata-se de sua profissão, só isso. Todavia, é preciso reconhecer que, estudado em laboratório, em estado quimicamente puro, o consumo se parece com o vício. A definição do drogado? Um ser que não consegue parar de aumentar as doses e diminuir o intervalo entre um consumo e outro. Ou seja, o cliente ideal de nosso amigo! Portanto, é preciso imergir nossos filhos na lógica da falta. Nesse sentido, fazemos nosso diretor de empresa notar, sempre de maneira amigável: "Você não pode ter a manteiga e o dinheiro dela, a criança bem-educada, culta, tão boa em gramática quanto em experiência de vida, e a criança que não se fixa em nada e que consome. Isso não coexiste no mesmo cérebro." Como

---

* Referência à declaração de Patrick Le Lay, ex-presidente da TF1 (televisão pública francesa), para o qual a televisão tem por missão tornar o cérebro do espectador disponível para receber as mensagens publicitárias. (N. T.)

gostam de dizer os italianos, "não dá para ter o tonel cheio e a mulher embriagada". De modo mais simples ainda: se nossos bisavós voltassem a este mundo, certamente julgariam com máxima severidade o hedonismo que afasta as pessoas dos deveres, a avidez carreirista que as distancia do civismo, o individualismo que privilegia o "cada um por si" sobre todas as formas experimentadas de civilidade.

A verdade é que, sem medir nem compreender a importância de seu ato, nosso burguês passou para o lado dos boêmios. Ao menos na esfera profissional, pois, em casa, ele continua um ultraconservador. Quanto à sua profissão, com efeito, ele persegue, ao ritmo de campanhas publicitárias — sempre aqueles famosos "momentos que os cérebros têm disponíveis para aluguel" —, o cumprimento do programa de emancipação dos indivíduos e de libertação dos costumes, sem o qual a expansão do mundo do consumo em todas as direções é impossível.

Contudo, ainda há mais: ele passa a aderir com todas as suas forças ao projeto da vanguarda; para a sua empresa, a desconstrução dos valores tradicionais tornou-se um imperativo absoluto. Como Picasso ou Duchamp, ele pratica a tábua rasa. Pois, em nome do *benchmarking*, ele quer, custe o que custar, que a inovação continue. Sem ela, ele está perdido. E não para de motivar suas tropas:

"Não se fossilizem", diz-lhes continuamente, "encontrem ideias, soluções novas, em suma, não se tornem *burgueses*!" Ao menos neste ponto Marx tinha mesmo razão: o capitalismo é a revolução permanente. Na competição mundial, aquele que não está sempre inovando simplesmente está destinado à morte. Portanto, nosso diretor de empresa é um novo convertido: doravante, é ele quem compra os quadros de vanguarda e cria fundações de arte contemporânea sem limites. É fascinado por esses boêmios que seus semelhantes, um século antes, desprezavam cordialmente e que, por sua vez, se alimentavam da burguesia todos os dias no café da manhã.

Desse modo, a globalização liberal mostra-se como o cadinho de uma estranha alquimia, de uma transmutação sem igual: em seu cerne, o conservador tornou-se revolucionário. Doravante, é ele que, em nome da liberdade e do individualismo democrático, subverte continuamente as tradições. E isso o imerge em uma contradição intelectual e moral maior: desse modo, de um lado, como pai de família conservador e até reacionário, ele deplora o que, de outro, ele próprio fabrica como diretor de empresa inovador e até revolucionário, sem entender que o mundo que ele contribui para modelar se mostra hoje cada vez menos racional. Pois esse mundo suscita uma progressão geométrica dos desejos de consumo, enquanto o poder de compra fica estagnado ou só aumenta a passo de lesma. Lembremos: sete milhões de franceses vivem atualmente com menos de 800 euros por mês, ou seja, mais ou menos o preço de um netbook ou de um smart phone sem a assinatura, e não é revalorizando seus magros rendimentos em 10% ou 20% que se mudará a base do problema (ainda que, vale observar, isso seja altamente desejável...). Pois a pobreza, que é algo relativo, fica quase insuportável quando as seduções do consumismo formam o fundo e o horizonte da existência, quando o trabalho já não é um fim que se confunde com a própria vida, como era o caso do camponês na Idade Média ou do pescador nas ilhas Fiji, mas apenas um meio de "ganhar" essa vida. Com o risco de perdê-la... A ideia de revolução morreu, mas os sobressaltos sem avanços da sociedade e os motins de periferia, por exemplo, não deixam de ser inquietantes.

Se essa contradição maior não for suprimida, o modelo de desenvolvimento de nossas sociedades não poderá ser mantido. É forçoso constatar que as plataformas que há tempos sustentam os projetos políticos tanto da direita como da esquerda não demonstram nenhuma lucidez a esse respeito. De modo geral, a direita, que defende mais a globalização, encontra-se em uma contradição permanente: conservadora no plano moral e educativo, ela é revolucionária na empresa, na qual prega a ideia de que, diante da globalização e da mudança permanente que ela induz, "é o imobilismo que é perigoso". Por sua vez, a esquerda toma a direção contrária: ao passo que até uma data ainda recente ela encarnava o "partido do movimento", agora se vê obrigada a frear contínua e bruscamente para "conservar as aquisições", o que a conduz a opor-se de modo sistemático a todas as reformas, mesmo àquelas, como foi o caso nas aposentadorias, que ela sabe muito bem que são indispensáveis e legítimas. Pior do que isso, ela sempre volta à questão do mercado, que só aceita a contragosto, sem nunca realmente ter coragem de romper às claras com a extrema-esquerda. Em suma, muitas vezes a direita é cega demais, e a esquerda usa de má-fé — situação que não é saudável e que contribui, mais do que qualquer outra, para lançar descrédito sobre o conjunto da classe política.

C. A SACRALIZAÇÃO DO HUMANO
OU COMO AS RELAÇÕES ENTRE POLÍTICA
E VIDA PRIVADA CONHECERÃO UMA REVOLUÇÃO
NOS PRÓXIMOS ANOS

Poderíamos ficar tentados a concluir precipitadamente, segundo o que antecede, que o capitalismo é um verdadeiro "horror" não apenas econômico, mas também moral e político: ele não apenas conduz a fragmentar, como nenhum outro sistema social, os valores tradicionais, mas, além disso, com seu estágio último, que é a globalização, ele destitui os responsáveis políticos e, com eles, os simples cidadãos de todo poder real e eficaz sobre um curso do mundo que, doravante, lhes escapa por todos os lados. Traição absoluta dos princípios republicanos! Parafraseando a máxima de Churchill sobre a democracia ("o pior dos sistemas, com exceção de todos os outros"), vemos bem em que sentido a globalização é o pior dos sistemas, porém, até então, temos dificuldade em perceber em que contexto seria necessário salvar esse sistema a qualquer preço, acrescentando o fim da máxima "com exceção de todos os outros".

É o que falta explicar agora, se quisermos encontrar uma alavanca que nos ajude a reconstruir uma visão política, para não dizer um projeto de civilização, que hoje possa ser realizada com maior êxito. Em nossa opinião, eis o paradoxo do qual é preciso partir: do outro lado da desconstrução que ele cria sem cessar, o capitalismo também induzirá a história da família moderna, depois, através dela, uma sacralização do humano que leva à fraternidade, uma concepção totalmente original do indivíduo, com base na qual é possível, e até desejável para nós, repensar o coletivo. Em nossa opinião, este é ao menos o limiar sobre o qual seria necessário se apoiar para voltar a encarar o futuro de maneira positiva.

Que para tanto nos seja permitida uma breve evocação histórica, indispensável para medir corretamente a envergadura do problema que desejamos formular e sua importância política maior.

Uma das maiores revoluções que marcam o advento dos Tempos Modernos reside, de fato, na passagem de um "casamento de conveniência", no mais das vezes organizado pelos pais e até mesmo através deles por toda a comunidade rural, para um casamento por amor, escolhido livremente pelos próprios parceiros. A literatura e o teatro do século XVII ressoam os ecos dessa revolução da intimidade. Ela pode ser lida nas entrelinhas, por exemplo, de *O avaro*, de Molière, no qual se veem em cena jovens que se revoltam contra o casamento forçado em nome do direito ao amor. Para nós, que somos os herdeiros dos românticos, o princípio da união sentimental parece a regra obrigatória. No Antigo Regime, porém, a regra era bem diferente. Conforme recorda o historiador François Lebrun em sua obra intitulada *La Vie conjugale sous l'Ancien Régime* [A vida conjugal sob o Antigo Regime], nesse período, quando muito, o casamento não tem nenhuma relação com a vida afetiva. Antes de tudo, ele visa a assegurar a perenidade da linhagem e da propriedade familiar fazendo com que ambos os cônjuges assumam as necessidades da produção e da reprodução. Por mais estranho que isso possa parecer aos indivíduos de hoje, antigamente a intimidade simplesmente não existia, tanto entre o povo quanto entre as elites. Na cidade como no campo, a imensa maioria das famílias vivia em um único cômodo, o que excluía *de facto* a possibilidade de uma forma qualquer de privacidade. Porém, o que leva a pensar que ela ainda não constituía um objeto de desejo é o fato de não ser respeitada com maior ênfase na aristocracia, quando os meios econômicos das classes superiores a tornavam possível. Basta, por exemplo, visitar os apartamentos privados de Versalhes para medir a que ponto a intimidade era inexistente.

Mediante as análises que fez da arquitetura das mansões nobres ou burguesas, o historiador Philippe Ariès mostrou como os cômodos, que não eram poucos, não tinham nenhuma função particular e geralmente se abriam uns para os outros em uma promiscuidade que hoje nos pareceria insuportável. Será preciso esperar o final do século XVIII para que nasçam divisórias e corredores destinados a assegurar a autonomia e o isolamento dos diferentes locais.

Outro aspecto desse não reconhecimento da esfera privada é que a comunidade se permitia intervir na vida familiar de um modo que hoje nos pareceria inconcebível. Prova disso, entre tantos outros indícios, é a prática do "charivari", cujo estudo é muito interessante para compreendermos as evoluções da família moderna. Essa estranha e ruidosa cerimônia, pela qual a comunidade exprimia sua reprovação a respeito de um casal desviante, visava inicialmente os maridos traídos ou que apanhavam. Hoje como outrora, acontece de depararmos com maridos enganados: evidentemente, não passaria por nossa cabeça evocar o assunto na frente deles, menos ainda fazer-lhes algum tipo de admoestação. Não era o que ocorria na Idade Média. A ideia que animava essa punição pública que era o charivari rezava que, por fraqueza e incapacidade deles de estabelecer a autoridade do chefe de família, os maridos traídos punham a comunidade em perigo. Nessas condições, ela tinha o dever de administrar um chamado à ordem em um domínio que, pelo que é possível compreender, ainda não era considerado uma questão estritamente privada: trancafiavam-se o infeliz e sua mulher na própria casa por 48 horas seguidas e batia-se nos muros, com pás e picaretas, frigideiras e panelas, dia e noite se preciso fosse, para que o culpado não esquecesse mais seus deveres...

Como então nasceu o casamento por amor na Europa? Por mais paradoxal que possa parecer, ele é uma consequência direta do capitalismo moderno, em particular da invenção do salariado e do mercado de trabalho. Em poucas palavras, eis a razão: quando o mercado de trabalho se estabelece, os jovens deixam as aldeias para "subir",* como se diz, e trabalhar nas cidades, onde se beneficiarão de uma dupla liberdade. Inicialmente, a do anonimato, que lhes permite escapar ao controle social da aldeia, da família e do padre, pelos quais até então eles eram casados à força ou, melhor dizendo, sem nenhuma condição de decidirem livremente... Em seguida, a do salário, que pela primeira vez lhes confere uma autonomia material. É nessas condições que os indivíduos começarão a querer decidir sua própria vida, que escolherão *se* casarem — e não mais *serem* casados, na voz passiva — e, no final das contas, se possível, casarem-se com alguém que amam, por quem "tenham algum sentimento". Essa revolução possui consequências abissais, pois *é dela, ou seja, da emancipação dos indivíduos em relação à aldeia ao mesmo tempo rural e religiosa, que de uma só vez nascerão na Europa a laicidade e o casamento por amor.* Este último terá duas consequências quase imediatas: a invenção do divórcio, reverso inevitável da medalha, e a sacralização do filho nascido do amor — até hoje, o luto por

---
* Aqui o autor se refere à migração rumo ao norte do país. (N. T.)

esse pequeno ser torna-se progressivamente a pior coisa que pode afetar uma família — enquanto na Idade Média, segundo nos lembram os historiadores, muitas vezes a morte de uma criança era sentida como bem menos grave do que a de um cavalo.

Para apreendermos o impacto considerável no plano político e coletivo dessa revolução da vida privada, é necessário notar que, paralelamente a esse aumento dos valores da intimidade, assistiremos à derrocada inelutável dos motivos tradicionais do sacrifício na Europa — e, por trás desse evento fundamental, a uma redefinição do sagrado entendido como aquilo pelo qual o indivíduo pode sacrificar-se e que, por conseguinte, dá sentido à vida.

Mais uma vez, digamos as coisas com simplicidade. A Europa conheceu em sua história três grandes motivos de sacrifício ou, o que é equivalente, três grandes figuras do sagrado: *Deus* (com as guerras de religião), a *nação* (que tem na última guerra mundial um exemplo monstruoso) e a *revolução* (o comunismo também foi um desastre humano que estamos longe de esquecer). Nas gerações jovens, quem doravante está pronto a morrer por essas entidades abstratas? Ninguém ou quase ninguém, e, digamos francamente, a despeito dos extremistas de todas as correntes, esta é uma boa, uma excelente notícia. Vamos parar de choramingar com os nostálgicos, à direita da pátria e à esquerda das utopias. Em nome das nações, a última guerra mundial fez mais de 50 milhões de mortos: quem ia querer recomeçar? Quanto ao comunismo, os melhores especialistas estimam seu balanço em torno de 20 milhões de seres humanos aniquilados, para não falar daqueles que ainda jazem no fundo das masmorras. Pelo amor de Deus, não tenhamos a esse respeito nem arrependimentos nem remorsos, menos ainda a tentação por essas "restaurações" e outros "retornos a": no melhor dos casos, eles são ridículos e, na maioria das vezes, odiosos.

Que haja fiéis apegados à sua fé, patriotas que amam o próprio país e até, por que não, os que sentem nostalgia da ideia revolucionária, dá para conceber e mesmo respeitar. É simplesmente notável — e divertido — constatar que ninguém, ou quase ninguém, pelo menos na Europa, está pronto para morrer por essas entidades abstratas. Certamente há os "loucos de Deus", mas a boa nova é que eles não se encontram, ou nem sempre se encontram, entre nós. O mesmo vale para os patriotas, que já não morrem contra os *boches*,* ou para os nossos esquerdistas, decadentes ou anacrônicos, que dificilmen-

---
* Termo pejorativo em francês para designar os alemães. (N. T.)

te vemos sacrificar sua existência em prol do aumento do salário mínimo ou da supressão da propriedade privada.

Todavia — e este é o ponto central para nós, o ponto em que talvez seja preciso colocar a alavanca que permite erguer a montanha —, o sagrado, aquilo pelo qual se poderia, se fosse o caso, se não dar a própria vida, ao menos arriscá-la, não desapareceu em absoluto. Contrariamente a uma ideia preconcebida, não vivemos nem o "desencantamento do mundo" nem mesmo a "era do vazio". Longe de estar aniquilado, o sagrado entendido como motivo coletivo de sacrifício, portanto, dos sentidos, de ação e de fraternidade, apenas mudou de lugar, sem que os observadores tenham se conscientizado totalmente disso. *Ao final do processo que acabamos de evocar, ele simplesmente se encarnou na humanidade.* Basta pensar a respeito com honestidade, olhando para si mesmo em vez de olhar na imprensa ou mesmo nos livros: a verdade é que, para a imensa maioria de nós, os únicos seres pelos quais eventualmente estaríamos prontos a assumir tal risco, se por infelicidade ele fosse necessário, são os seres humanos. Nossos parentes próximos, é claro, a começar por nossos filhos, mas também, às vezes, simplesmente nossos "próximos", ou seja, apesar do parentesco das expressões, o contrário dos parentes. É o que demonstra, à sua maneira, a história das ações humanitárias da modernidade, mas também a progressão crescente no discurso público do famoso tema das "gerações futuras".

Ao contrário de uma ideia preconcebida, não é absolutamente na era indolente e vazia, egoísta e individualista da melancolia democrática que estamos entrando. Tampouco naquela do materialismo tantas vezes estigmatizado pelas religiões monoteístas ou marxistas, e sim naquela da sacralização do humano e da redefinição dos objetivos de uma vida boa a partir daquilo que a cada ano aparece mais na Europa como o principal foco do sentido da existência, a saber, a solidariedade afetiva que nasce na família e eventualmente se estende para além dela. *Entramos, assim, na era de um novo humanismo: ela já não se encontra centrada, como no tempo das Luzes, de Voltaire e de Kant, na razão e nos direitos, e sim muito mais fundada no sentimento e na relação com o outro. Com tudo o que isso implica em termos de novas dificuldades, mas também de promessas.* Eis a reflexão que teremos de fazer nos próximos anos se ao menos quisermos apreender as mutações que essas reviravoltas da vida privada inevitavelmente terão sobre a vida pública.

A derrocada dos valores tradicionais sob os golpes reiterados e convergentes dos burgueses e dos boêmios não deixa espaço para a ausência de ideais. Para retomar uma metáfora cara a Max Weber, se quisermos compreender o que foram os valores tradicionais, as figuras antigas do sagrado, basta considerarmos o código de honra da marinha: em última instância, o capitão de um navio naufragante tem como dever ir a pique com ele, não obstante, depois que a tripulação e os passageiros tiverem sido evacuados. Para falar de modo simbólico: ao final de um século de desconstrução sem precedentes, hoje ninguém mais está pronto — pelo menos na Europa e, mais uma vez, por enquanto essa história infelizmente é exclusiva do Ocidente — para morrer pelo casco de um navio. Mas por aqueles que estão nele, talvez. É dessa revolução, na verdade bastante recente na escala da história, que é preciso tirar proveito no plano político. No futuro, a política deverá cada vez mais se colocar a serviço da expansão da esfera privada, enquanto até uma data ainda bastante próxima — o fim da última guerra francesa data apenas de 1962! — eram as famílias a ser submetidas sem discussão aos objetivos da razão de Estado. Isso não significa absolutamente que a política tenha de renunciar às grandes questões, ao coletivo, à geopolítica, à macroeconomia, à preocupação com as relações internacionais etc. Mas significa que, doravante, ela já não poderá poupar-se de estabelecer o vínculo com o interesse pelos cidadãos e com uma finalidade que hoje deve ser mais humana do que imperial ou mesmo nacional, no sentido tradicional do termo.

Uma tarefa difícil como nenhuma outra, mas também repleta de sentido.

PROPOSTAS

Proporemos *cinco eixos federadores* para uma ação que se inscreve na perspectiva aberta pelas análises anteriores a respeito de uma eventual "política de civilização".

Agora que os grandes traços da análise do tempo presente foram esboçados, talvez a expressão mereça uma definição mais precisa, ainda que bastante breve. Por ela entendemos dois elementos de peso: inicialmente, por certo, uma ruptura política clara com o "curto-prazismo"; em seguida, a consideração do fato de que, para dar novamente altura, profundidade de campo e sentido à política, é indispensável levar em conta a dimensão do "sagrado" no sentido em que o descrevemos aqui como ligado a um duplo movimento: de um lado, um desmoronamento incrivelmente brutal das figuras tradicionais do sacrifício; de outro, o surgimento mais lento, porém ainda amplamente ignorado, de um novo semblante do sagrado, nascido na história da vida privada e da família moderna. Com efeito, em nossa opinião, é em relação a essa história que a política, como consideração do coletivo, deve reorientar-se — e o coletivo já não deve ser considerado o contrário do privado, mas, antes, uma instância que se responsabiliza publicamente por ele.

Desse ponto de vista, as medidas que propomos nas páginas seguintes não passam de *ilustrações, sem dúvida entre muitas outras possíveis,* daquilo que nos parece desejável fazer para engrenar essa reorientação do sentido da vida comum e da ação coletiva. Evidentemente, será preciso procurar outras que se inscrevam no mesmo espírito, pois, por certo, trata-se de uma mudança de direção e até mesmo de "civilização", na medida em que toda a nossa análise repousa na ideia de que a civilização do consumo está em crise estrutural durável e de que é realmente necessário mudar de modelo de desenvolvimento.

*I. Um eixo duplo, totalmente prioritário:
o auxílio às famílias como único âmbito verdadeiro
de solidariedade e até de "fraternidade" real/afetiva;
o auxílio às empresas como único âmbito verdadeiro
de luta contra o desemprego*

Parece-nos necessário segurar *ao mesmo tempo* as duas extremidades da corrente, fazer simultaneamente, tanto quanto for possível em termos orçamentários, uma política de recuperação voltada a famílias e empresas — evidentemente, tal recuperação deve ter uma finalidade não apenas social e política, mas também econômica.

A. O AUXÍLIO ÀS FAMÍLIAS COMO
ÂMBITO DE SOLIDARIEDADE REAL

Sejamos francos: nos últimos anos, já não se percebia na França a existência de uma política familiar. Claro que isso não é um critério, mas, de todo modo, é significativo que nenhum de nós, ou quase, seja capaz de se lembrar do nome de um ministro da Família que, no período recente, tenha se destacado, ainda que pouco, por sua ação. Por si só, isso já não é normal, mas se partilharmos as análises desenvolvidas anteriormente, chega a ser uma incongruência no plano político e moral. É hora de registrar as mudanças cruciais das relações entre o público e o privado, bem como as evoluções da família moderna que acabamos de evocar.

Primeira medida proposta: *um abono familiar a partir do primeiro filho*. O nascimento de um filho significa, em média (no sentido estrito: para os rendimentos médios dos franceses), uma diminuição de cerca de 10% do poder de compra das famílias. Em outros termos, nas famílias mais modestas, isso pode representar um verdadeiro freio à progressão demográfica. No entanto, também sabemos que, a longo e mesmo a médio prazo, essa progressão demográfica é um fator essencial para o crescimento de um país. Nessas condições, e levando-se em conta ao mesmo tempo o peso crescente da solidariedade familiar e a intensa demanda na opinião pública de uma "recuperação pelo consumo", por que não estabelecer um abono como esse a partir do primeiro filho? De fato, diferentemente de outras medidas de recuperação pelo consumo, esta ao menos teria um efeito econômico com prazo estabelecido e favoreceria o crescimento demográfico de nosso país.

Evidentemente, o principal obstáculo é de ordem orçamentária. No entanto, todo o mundo reconhece que ajudar as famílias e melhorar a redistribuição de nossa política familiar seria uma boa coisa. Uma medida de extensão dos abonos familiares às famílias que comportam um único filho reforçaria ainda mais o dispositivo de estímulo em favor dos nascimentos e aumentaria a durabilidade de nossos sistemas de doença e velhice.

Sendo assim, examinemos mais de perto o lado orçamentário do problema, uma vez que, manifestamente, ele constitui o ponto fraco. Visando a um maior rigor, vale precisar que os números aqui indicados, como, aliás, no restante de nosso relatório, não passam de ordens de grandeza que servem para fixar as ideias, mas que por certo continuarão a diminuir se essas medidas, como desejamos, forem postas em prática. Levando-se em conta o número de famílias envolvidas (cerca de 3.600 mil), a dificuldade é dobrada:

— custo a curto prazo (de aproximadamente 2,6 bilhões de euros por ano para um abono mensal de 60 euros a 4,3 bilhões de euros para um abono de 100 euros sem aumento em função da idade);

— em todos os casos, o nível deveria ser diminuído em relação ao nível atual dos abonos familiares (cerca de 120 euros por mês para dois filhos sem aumento em função da idade) para não parecer "insuficiente".

Como vemos, do ponto de vista orçamentário, a medida parece delirante... a não ser que aceitemos outro caminho, para dizer a verdade, uma mudança bastante radical de nossas políticas familiares, que por fim aceitasse um condicionamento de recursos dos abonos familiares (atualmente mais de 12 bilhões de euros). Paralelamente à extensão ao primeiro filho, ela seria suscetível de respeitar o conjunto das obrigações, contanto que esse condicionamento de recursos não afetasse com muita intensidade as classes médias. Notemos que essa ideia, defendida por Lionel Jospin, Alain Juppé e, mais recentemente, a partir de 2007, Nicolas Sarkozy, foi retomada no relatório Attali.*

O objetivo poderia ser então diminuir em cerca de 70 a 80 euros mensais o abono para o primeiro filho (sem aumento em função da idade) e fixar corretamente os parâmetros (a esse respeito, simulações são necessárias, mas, para fins de referência, uma condição de recurso de aproximadamente 25 mil euros anuais exclui cerca de 350 mil famílias do dispositivo), para limitar o custo

---

* Relatório da *Comission pour la libération de la croissance française* [Comissão para a liberação do crescimento na França], coordenado por Jacques Attali e entregue a Nicolas Sarkozy no início de 2008, com propostas para aumentar o crescimento demográfico, diminuir a taxa de desemprego e reduzir a dívida pública. (N. T.)

líquido do dispositivo, apresentando-o como uma medida de auxílio às famílias (no total, o montante das prestações pagas aumentaria).

Se parecesse impossível romper com o princípio de igualdade relativo ao montante dos abonos familiares, independentemente dos recursos da família, poder-se-ia pensar em fiscalizá-los (lembremos que atualmente não o são): a vantagem dos abonos seria então mantida para todos, mas degressiva à proporção que se aumentasse a taxa marginal de tributação.

É inútil querer esconder de nós mesmos a dificuldade política de tal medida. A oposição que ela suscitará por parte das associações familiares (UNAF* etc.) e de intermediários da maioria será muito importante (*cf.* o debate sobre a Carte famille nombreuse** e a política familiar da SNCF***). Com efeito, por razões certamente respeitáveis, mas que já se tornaram inoportunas, nossa política

---

* *Union nationale des associations familiales*: União Nacional das Associações Familiares. (N. T.)
** *Carte famille nombreuse*: documento que inicialmente permitia a famílias francesas com no mínimo três filhos menores de 18 anos beneficiarem-se com descontos no transporte ferroviário. A partir de março de 2009, esse benefício se estendeu a famílias de baixa renda e monoparentais com um ou dois filhos menores de 18 anos. (N. T.)
*** *Société nationale des chemins de fers français*: Sociedade Nacional das Ferrovias Francesas. (N. T.)

familiar repousa essencialmente na ideia de que é preciso privilegiar a igualdade matemática, em vez da equidade, e de que nesse terreno é preciso criar obrigatoriamente uma perfeita igualdade de direito entre os franceses — sendo o principal objetivo dessa igualdade, pelo menos na origem, evitar a impressão de que as famílias de baixa renda são famílias de assistidos, enquanto aqueles que tiveram maior êxito seriam as galinhas dos ovos de ouro. Graças a isso, os chefes da Cac 40* recebem exatamente os mesmos abonos familiares que um beneficiário do RMI!** Por acaso isso é justo? É razoável? Não, simplesmente não. Nem chega a fazer sentido nas circunstâncias atuais, e podemos apostar que hoje a crise permitiria mobilizar as resistências a uma reforma que iria da igualdade à equidade — e que, doravante, permitiria financiar o abono a partir do primeiro filho, reconciliando, assim, os imperativos da economia a longo prazo (por intermédio do estímulo ao crescimento demográfico) e aqueles do aumento do poder de compra. Em uma sociedade em que os valores do desenvolvimento individual se tornam mais sagrados a cada dia, a ideia de que todas as crianças

---

* *Cotation assistée en continu*: índice da cotação da bolsa de valores de Paris. (N. T.)
** *Revenu minimum d'insertion*: abono destinado a pessoas desprovidas de renda, com o intuito de favorecer sua inserção profissional. (N. T.)

possam dispor de oportunidades *equitativas* de êxito, inclusive e sobretudo em um período de crise grave, torna-se uma exigência coletiva indispensável.

Com base no modelo inglês, uma alternativa a essa medida poderia assumir a forma de um "fundo de autonomia e solidariedade". Essa medida, que já foi evocada por vários organismos sob formas diversas e que teríamos de estudar em detalhes,[3] certamente produziria, e com razão, um impacto positivo muito forte na opinião pública — desde que, pelo menos, fosse apresentada como uma verdadeira mudança de direção, como uma reorientação da política para a preocupação em favorecer e responsabilizar os indivíduos, mas também tranquilizá-los em sua vida privada. Ela consistiria em dotar de um capital toda criança no momento do nascimento, independentemente de qualquer lógica de recurso parental. O montante poderia ser de alguns milhares de euros (custo de aproximadamente + 1,6 bilhão/ano para 2.000 euros por criança no momento do nascimento, + 4 bilhões para 5.000 euros). Esses fundos — que institucionalmente poderiam ser alocados em uma fundação nacional (mas outras fórmulas, incluídas aquelas com estabeleci-

---

[3] *Cf.* especialmente a nota do CAS nº 9, publicada em *La Documentation française*, em 2007, que se baseia nas "dotações de capital para os jovens".

mentos financeiros privados, são consideráveis) — seriam utilizáveis a partir da maioridade. Uma opção consistiria em destiná-los exclusivamente ao financiamento pelo jovem adulto de sua formação superior. Outra opção consistiria em torná-los realmente livres de emprego (inclusive livres para permanecerem sob a forma de poupança). Vale acrescentar que, eventualmente, poderiam ser financiados pelos pais em condições fiscais vantajosas a serem estudadas — nesse caso, a igualdade das oportunidades perderia um pouco em aparência, mas, por outro lado, isso poderia ser um argumento para "fazer passar" o condicionamento de recursos dos abonos. Mais uma vez, as modalidades práticas de tal dispositivo são múltiplas, e é preciso avaliá-las em detalhes — o que não é objeto imediato deste relatório.

Em contrapartida, é essencial apreender e apresentar corretamente os desafios fundamentais desses fundos, a fim de ressaltar toda a sua importância e evitar que eles sejam sentidos como uma "engenhoca suplementar".

— *É uma medida de solidariedade entre gerações*: ela cria uma solidariedade dos adultos para com as crianças de hoje, sem distinção de nascimento nem de fortuna — atitude legítima, sobretudo porque conhecemos os encargos que o crescimento da dívida pública fará mais tarde pesar sobre eles.

— *É uma medida de segurança e de proteção em relação a todas as nossas crianças*: um dispositivo que deveria fazer o Estado aparecer no papel positivo de um parente benevolente para com suas crianças, em um contexto em que a grande maioria das famílias está realmente inquieta quanto ao futuro de sua prole.

— *Como toda medida de política familiar, ela deveria ter um efeito de estímulo sobre a natalidade.* Desse ponto de vista, pode unir-se ao condicionamento de recursos dos abonos familiares.

— *É não apenas de uma medida de segurança e de proteção, mas também de responsabilidade e de autonomia.* Ela responsabiliza os futuros adultos por sua própria formação (isso poderia autorizar, em um prazo estabelecido, direitos de escolaridade modulados no ensino superior), dotando-os *ex ante* de meios para realizar seu projeto, em vez de compensar "mediante ações pontuais" as dificuldades que eles encontram com prestações *ex post*. No momento oportuno (ou seja, de 18 a vinte anos após o início dessa medida), a contrapartida deveria ser uma redução ou uma limitação das prestações (nada de RMI para jovens, por exemplo, nem de subsídios para sua autonomia, uma vez que o pecúlio preenche essa função sobre um modo de responsabilidade).

— *É uma medida de independência e de financiamento de nossa economia*: o fundo nacional que ela leva a estabelecer permitirá investir na economia francesa (empresas, pesquisa...) um capital que realmente pertença aos franceses (pelo menos às gerações jovens). Trata-se de uma espécie de fundo estratégico, porém mantido pelos jovens ainda que não sejam seus gestores.

— *É uma medida de equidade que favorece a igualdade das oportunidades*, pois todas as crianças se beneficiam da mesma dotação.

— *É uma medida cujo custo é dividido ao longo do tempo*: seu custo acumulado cresce a cada geração e se estabiliza após 18 anos; ao final desse período, quando o dinheiro está disponível para os jovens adultos, a fórmula abre, conforme vimos, possibilidades de economias sobre outras prestações.

Por certo, a lógica é passar — ao menos parcialmente — de uma economia de prestação para outra de dotação e de responsabilidade.

Um dispositivo análogo foi estabelecido, aparentemente com sucesso, na Grã-Bretanha, com o nome de Child Trust Fund: talvez fosse útil estudá-lo mais de perto *in situ*.

Com o intuito de consagrar esse renascimento indispensável da reflexão sobre nossas políticas familiares em um mundo em que os valores privados e o desenvolvimento de cada indivíduo passam a fundar os ideais coletivos, seria oportuno *criar por fim um verdadeiro Ministério da Família, um ministério pleno, com um titular presente em todos os conselhos de ministros*. Depois do que dissemos anteriormente, não é normal que a família continue a ser tratada por um secretariado de Estado com meios e capacidades de iniciativa necessariamente restritos: já não estamos no tempo em que o general De Gaulle motejava com a ideia de um "subsecretariado para o tricô". Isso já não corresponde às evoluções históricas que vivemos hoje e que tendem a fazer da família e, de modo mais genérico, da esfera privada o único e verdadeiro âmbito de sentido e de solidariedade real, uma vez que a esfera política está cada vez mais destinada a se colocar a serviço do desenvolvimento de vidas privadas, que, de resto e para além das aparências, são elas próprias eminentemente coletivas enquanto tais, na medida em que se assemelham e formulam os mesmos problemas (que, por causa disso, não são tão privados quanto parecem...).

Em seguida, no contexto atual, *parece-nos que as reflexões referentes à redução da licença-maternidade e, mais ainda, aquelas que concernem ao estatuto dos sogros, por mais legítimas que possam ser, devem ser abordadas com muita circunspeção*, pois, em todos os casos, não devem ir contra a corrente daquilo que é preciso fazer em tempos de crise: em vez de registrar as fraturas da família, ajudar, na medida do possível, a reforçar sua coesão.[4]

Quarta sugestão (após aquela sobre os abonos, aquela sobre a criação de um "fundo de autonomia e solidariedade" e aquela sobre a criação de um ministério pleno): *é preciso reagrupar as medidas anunciadas em favor da família; do contrário, elas logo serão queimadas na grande fogueira midiática. Além disso, será importante distinguir corretamente os níveis de comunicação, precisando aquilo que depende do presidente da República, do primeiro-ministro ou dos ministros.* Independentemente de sua legitimidade e de seu interesse intrínsecos, os anúncios isolados e fragmentados, que não se encontram inseridos em um projeto global e coerente, destinam-se a cair rapidamente no esquecimento. De que vale então anunciar aqui uma medida em favor das mães

---

[4] O que não exclui absolutamente que avancemos em temas necessários, tais como o estatuto da homoparentalidade, ao qual, de resto, o CAS consagrou um de seus relatórios. Desse ponto de vista, as reflexões iniciadas por Nadine Morano seguem claramente o caminho do bom-senso.

solteiras (chèques emploi service),* outra acolá em favor das pessoas que acompanham um parente até a morte, outro dia uma decisão referente às creches, aos sogros ou às licenças-maternidade, se tudo isso não estiver ligado a nada central na política global do governo? Ademais, no período atual, tudo isso parece anedótico, dilatório, medidas para desviar a atenção... É preciso, ao mesmo tempo, reagrupar os anúncios em uma política familiar global, mas também situar essa política no centro de um projeto de civilização em que todas as medidas anticrise sejam reagrupadas.

Quinta sugestão: *é na perspectiva aqui aberta que se deve estabelecer o serviço cívico voluntário, fixando-se como objetivo chegar a 10% de uma classe de idade. Do ponto de vista orçamentário, o projeto é factível: basta tirar do orçamento dos 350 mil empregos subsidiados que o governo anunciou. Atenção: não se trata absolutamente de reduzir o serviço cívico a empregos subsidiados nem de assimilá-lo aos antigos empregos para os jovens, e sim apenas de utilizar uma pequena parcela do orçamento desses empregos para criar um dispositivo novo,* que teria

---

* Semelhante ao cheque bancário, o *chèque emploi service* é uma forma de remunerar trabalhadores que realizam serviços no domicílio de seu empregador. Ele dispensa este último das formalidades administrativas e o beneficia com uma redução de impostos pelos serviços prestados. (N. T.)

muito mais vantagens no período atual: ao permitir que jovens se empreguem de maneira útil em favor de missões de interesse geral, ele confere sentido à sua vida. Além disso, oferece-lhes uma possibilidade significativa de reconhecimento e valorização de seus esforços, uma "validação das aquisições da experiência", de resto tanto em âmbito universitário quanto naquele da vida profissional e da empresa (para mais detalhes, *cf.* o trabalho realizado pelo CAS sobre o serviço cívico). *Porém, de uma só vez, ele alivia as famílias preocupadas com o futuro de seus filhos. Pelo menos em um primeiro momento, seria essencial na perspectiva aberta pelo presente relatório que esse serviço cívico fosse orientado o mais amplamente possível para missões de auxílio às famílias* (romper o isolamento dos aposentados, realizar missões paraeducativas junto às crianças etc.).

B. O AUXÍLIO ÀS EMPRESAS COMO ÂMBITOS REAIS DE LUTA CONTRA O DESEMPREGO

Paralelamente ao auxílio às famílias, defendemos aqui uma medida tão corajosa quanto intensa, que consistiria em *uma simplificação radical das tributações das empresas*. O objetivo seria restabelecer a tributação das empresas mediante a supressão do conjunto das pequenas taxas e contribuições diversas, referentes às empresas, em uma lógica de redução de custos e de competitividade (especialmente mediante a supressão de todas as taxas consideradas no custo de produção — a taxa profissional é uma delas —, em oposição às taxas ligadas aos resultados[5]). A simplificação decorrente disso teria efeitos benéficos significativos.

Para além das decisões tomadas relativamente à taxa profissional, a medida deveria respeitar dois critérios:

— *ser absoluta*: trata-se de um restabelecimento da fiscalização (sem contribuições sociais) das empresas que visa a simplificar radicalmente não as modalidades de percepção, e sim os próprios impostos; o objetivo é fazer com que nada reste além do imposto sobre as sociedades, a TVA,* os impostos sobre o consumo e as taxas gerais sobre as atividades poluentes;

---

[5] Com efeito, as taxas que entram diretamente no custo de produção — e que por isso são comparáveis a uma variação salarial ou a uma variação nos preços dos que entram no processo de produção (*cf.* a comparação feita por C. Ghosn sobre o custo de produção de um automóvel na França e na República Tcheca) — são as que mais afetam a competitividade das empresas francesas. De fato, esse custo é integrado desde o início como um encargo fixo ao cálculo da rentabilidade dos investimentos, o que justifica a escolha por subsidiar investimentos que podem desfavorecer nosso país e conduzir a localizações alternativas das empresas francesas ou estrangeiras.

* *Taxe à la valeur ajoutée*: Imposto sobre Valor Agregado. (N.T.)

— *estar preparada*: é necessário que, no momento de anunciar o princípio, mas também a modalidade de compensação das perdas de receitas ou dos recursos pagos aos diferentes organismos e coletividades (algumas dessas taxas são destinadas a um uso determinado), eles sejam igualmente especificados.

A maneira mais simples de compensar essas perdas de recursos seria simplificar do mesmo modo o imposto sobre as sociedades, fazendo desaparecer as exonerações ou isenções. Um cálculo feito por Christian Saint-Étienne em 2006 mostrava que o mesmo rendimento do imposto sobre as sociedades podia ser obtido com uma taxa de IS* de 14% contra os 33% de hoje, simplesmente com a supressão dos abatimentos, das exonerações e das isenções. *Sem chegar a tanto e mantendo as taxas de imposto sobre as sociedades em 33%, a supressão de múltiplas exonerações poderia facilmente financiar o abandono de algumas dezenas de pequenas taxas.*

Em contrapartida, seria necessário que se aceitasse tanto a) financiar diretamente sobre o orçamento do Estado os organismos que dele vivem (se a questão da autonomia não for crucial) quanto b) destinar uma pequena parcela do imposto sobre as sociedades às cole-

---

* *Impôt sur les sociétés*: Imposto sobre o Benefício das Sociedades. (N. T.)

tividades ou organismos que se beneficiaram anteriormente de taxas ou contribuições. No entanto, repartir um mesmo imposto entre vários destinatários é de uma simplicidade sem comparação com a gestão de múltiplas bases de cálculo e contribuições fiscais, de maneira que a operação deve permitir igualmente uma modernização e ganhos de produtividade para as administrações fiscais.

Segundo a perspectiva de que, evidentemente, é o emprego que volta a se tornar a prioridade das prioridades, antes mesmo do poder de compra, é provável que tal medida, de fato "revolucionária", tenha efeitos consideráveis. Ela representaria não apenas uma incrível lufada de oxigênio para as empresas, mas também um efeito, por fim, real de simplificação, que, além disso, seria estimulante em matéria de criação de empresas. Talvez fosse preferível a outras medidas de recuperação. Portanto, essa é uma questão de escolha política que é preciso estudar.

Duas outras medidas poderiam ser examinadas no mesmo sentido (o da redução do desemprego):

— *Favorecer o reinvestimento nas empresas diminuindo as taxas de imposto sobre as sociedades para os benefícios reinvestidos (taxa reduzida como na Alemanha) e mantendo a taxa de 33% apenas para os benefícios distribuídos aos acionistas*; vale lembrar que os alemães finalmente abandonaram essa medida, que, é bem verdade, não visa à simplificação que, por outro lado, defendemos. O fato é que, apesar de tudo, para nós ela deveria ser estudada de perto, pois *a priori* parece coerente com um estímulo à divisão em três terços quando possível (assalariados, reinvestimento e distribuição).

— *Suprimir os encargos para novas contratações durante um ano.* Essa medida temporária de exoneração completa dos encargos patronais (seja qual for o nível salarial) teria o mérito de mirar diretamente o emprego. Apenas as empresas que se esforçarem para contratar (inclusive ao renovarem o quadro de funcionários que se aposentam) seriam beneficiárias. Em contrapartida, o caráter temporário e a simplicidade (caráter absoluto) da medida evitam que se coloque em risco o financiamento a médio prazo da proteção social ou que se crie uma "usina de gás" (desse ponto de vista, fórmulas do tipo "isentar os dois próximos empregos", por exemplo, colocam o seguinte problema: o que acontece se o diretor de uma empresa contratar duas pessoas mas demitir três?). A honestidade obriga a reconhecer que o custo da ausência de encargos patronais sobre as novas contratações será elevado — porém, *a contrario*, já existe um dispositivo degressivo de redução fiscal sobre os salários baixos, o que limitará o custo do novo dispositivo, enquanto o caráter temporário limita seu risco orçamentário a longo prazo.

II. Um eixo "equidade": em que condições todos os nossos concidadãos podem sentir-se "no mesmo barco"?

Também nesse caso, é preciso saber segurar as duas extremidades da corrente: de um lado, alguns excessos dos patrões e dos banqueiros em matéria de remuneração são não apenas escandalosos no plano ético, mas também calamitosos para o conjunto do sistema da livre empresa, sobre o qual lançam uma luz detestável ao dar à maioria das pessoas a impressão de que, definitivamente, os privilégios do Antigo Regime não morreram. *Nessa perspectiva, seria oportuno, ainda que somente para esclarecer a opinião pública sobre esse tema tão difícil, confiar por um viés ou outro ao Parlamento ou, pelo menos, aos conselhos da República (Conselho de Análise Econômica, CAS etc.), e não a uma comissão* ad hoc, *um trabalho sobre o tema da remuneração justa.* Cabe inicialmente ao Parlamento esclarecer a opinião pública — em todo caso, seria desejável que ele pudesse fazê-lo. Aqui, o desafio de solidariedade e de justiça é considerável. Pois é claro que o empregado que se vê demitido após 15 anos de trabalho em uma empresa na qual ganha, digamos, um salário mínimo mais 30% não pode sentir nenhuma solidariedade de nenhuma espécie nem por seu patrão, nem por seu governo, nem mesmo por seu país! Quando, ainda por cima, esse empregado lê na imprensa que tal banqueiro se concede um bônus de dois milhões de euros além do próprio salário, mesmo depois de ter feito algumas besteiras memoráveis, fica difícil para ele acreditar um pouco que seja na própria ideia de justiça social. Portanto, há uma reflexão a ser realizada, paralela àquela sobre a distribuição de riquezas, que se refere à questão das variações de remuneração.

No entanto, por outro lado, também é preciso ter a coragem de dizer — pois, na atual conjuntura, coragem é imprescindível — que as críticas aos "patrões e aos banqueiros", por mais legítimas que sejam em certos casos bem precisos que não devem ser ocultados, logo encontram seus limites no plano econômico global. Se por um instante quisermos tomar uma boa distância do prisma midiático deformador, segundo o qual só nos interessamos pelos diretores de empresa da Cac 40, bem como pelos nove ou dez maiores bancos europeus ou americanos, e se olharmos de frente para o tecido real das empresas francesas, será forçoso constatar que os escândalos éticos que apreciamos denunciar aqui ou ali são, em seu caso, quase inexistentes.

Lembremos algumas realidades. Na França, há quase três milhões de empresas que não têm nenhuma relação com o caso, de fato escandaloso, dos rendimentos desmesurados, dos *golden hello** alucinantes, dos *golden parachute*** e outros bônus absurdos que a imprensa evoca à saciedade — mais uma vez com razão, porém produzindo, inevitavelmente, efeitos deformadores. Pois se acaba por acreditar que esses exemplos extremos dão o tom, que todas as empresas, ou ao menos uma boa parte delas, são à sua imagem, o que, evidentemente, é absurdo. Para nos convencermos disso, basta lembrarmos que o salário médio dos diretores de empresa franceses é de cerca de 4.300 euros por mês e que, em sua imensa maioria, eles se esforçam tanto quanto possível para manter seus empregos. Lembremos também que, no final de 2008, o número de falências aumentou 18% em relação ao final de 2007, o que naturalmente conduz a um grande aumento do desemprego. Para ser mais preciso e dar mais alguns números que podem servir de referência, lembremos que, dos 2.900 mil empresas francesas, cerca de 1.700 mil... não têm assalariados! Um milhão suplementar é constituído de empresas com menos de dez assalariados. Portanto, na França há apenas cerca de

---
* Bônus oferecido por uma empresa para atrair o funcionário de uma concorrente. (N. T.)
** Pacote de bônus e indenizações que consta do contrato de funcionários (geralmente executivos de alto escalão) em caso de demissão. (N. T.)

duzentas mil empresas que contam mais de dez assalariados, e apenas 33 mil com mais de cinquenta assalariados (24 mil entre cinquenta e duzentos; 4.700 entre duzentos e quinhentos; 2.000 entre quinhentos e dois mil; e apenas 450 com mais de 2.000 assalariados[6]).

Mesmo nas empresas com mais de cinquenta assalariados, nas quais os salários dos diretores são os mais elevados, sua média em 2007 era de 127 mil euros anuais, o que, por certo, não deixa de ser significativo, mas não em nenhuma relação com os rendimentos dos patrões da Cac, que dividem entre si, sem contar os salários, cerca de um bilhão de euros de *stock-options*.* Portanto, é preciso desconfiar do discurso geral sobre "os patrões", como se eles formassem uma classe homogênea. As disparidades entre eles são imensas, e as soluções que podem ser dadas à crise devem levar isso em conta... Do mesmo modo, quando também são citados em abundância os lucros da Total — 14 bilhões de euros neste ano —, esse número espantoso deve ser comparado a outro,

---

[6] Números de 2007 fornecidos pelo INSEE (*Institut National de la Statistique et des Études Économiques* — Instituto Nacional de Estatística e de Estudos Econômicos).

* Programas de incentivo a longo prazo que permitem aos funcionários comprar ações da empresa onde trabalham por um preço abaixo do mercado. (N. T.)

ainda mais impressionante: 19 bilhões de euros de investimentos anuais. Alguns propuseram congelar os dividendos dos acionistas (cerca de 40% dos benefícios), mas isso seria esquecer que, sem os acionistas que trazem o capital, a economia real simplesmente não existiria! Além disso, seria desconsiderar o fato de que a imensa maioria das empresas francesas simplesmente não tem acionistas — exceto o próprio dono, muitas vezes cercado por alguns parentes aos quais não cabe nenhum dividendo! Desse modo, a regra dos três terços — um para os acionistas, outro para os investimentos e o terceiro para os benefícios a serem divididos — tem apenas um sentido limitado no nível global: em todos os casos, ela só se aplicaria a um número bem restrito de empresas. Portanto, conforme sugerimos anteriormente, é preciso refletir de maneira diferente quanto à questão do bônus e da participação.

Contudo, também é evidente que não podemos nos ater a uma simples reflexão teórica sobre a equidade. É preciso agir, como de resto o governo começou a fazer, sobretudo ao propor, com razão, uma melhor remuneração do trabalho parcial. Será necessário ir mais longe no auxílio àqueles que são os mais atingidos pela crise. Uma vez que o dinheiro público é dramaticamente limitado, a princípio é preciso ter a coragem de identificar com clareza aqueles que são, de início e antes de todos os outros, as principais vítimas da situação atual: os temporários, os CDD,* os que entraram em falência, os desempregados e os jovens que estão tentando entrar no mercado de trabalho. Em contrapartida, em geral os CDI,** os funcionários e os aposentados não veem sua situação reavaliada. É necessário até admitir que seu poder de compra aumenta à proporção da redução da inflação. Como dizíamos anteriormente, a crise tem costas largas, e não se pode ceder aos argumentos daqueles que se apresentam como vítimas, quando na verdade não o são. Se quisermos prosseguir no sentido da equidade, será preciso ajudar prioritariamente as categorias mais atingidas.

Enfim, a nós pareceria útil no contexto atual, ainda que somente por razões pedagógicas (mas não apenas, é claro), retomar do zero *a questão do bônus e da participação*. Desse ponto de vista, é lamentável que a lei de 2008, ao menos nesse plano, tenha passado quase inteiramente despercebida. A verdade é que ela não vai muito longe por uma falta de audácia talvez compreensível, mas

---

* *Contrat de travail à durée déterminée*: Contrato de Trabalho por Tempo Determinado. (N. T.)
** *Contrat de travail à durée indéterminée*: Contrato de Trabalho por Tempo Indeterminado. (N. T.)

que prejudica a própria apreensão do documento. O ideal seria transformar uma parte bastante significativa do salário em bônus, para que o patrão o aceite e o empregado se beneficie. Por razões evidentes, essa ideia, em período de crise, é particularmente difícil de ser aprovada. Todavia, no fundo, ela também mereceria ser estudada com cuidado. O que está claro é que são muitos os exemplos de uma divisão extremamente desigual das riquezas e que o patronato francês teria particular interesse em por fim iniciar uma verdadeira reflexão sobre essa questão. As ideias de participação e de bônus devem ser novamente exploradas, pois, diante do que se deve nomear uma crise do capitalismo, elas parecem ser as únicas a oferecer a possibilidade real de um terceiro caminho.

III. Um eixo "educação": repensar do começo ao fim a educação cívica, o caminho profissional, os programas econômicos e o lugar das grandes obras em nossos ensinamentos filosóficos e literários

Seremos muito breves nesses pontos essenciais por uma razão simples: o CAS já se exprimiu várias vezes sobre esses temas e está pronto para retomá-los de maneira operacional, contanto que isso lhe seja pedido. Sendo assim, digamos simplesmente, de modo sucinto e a título programático, o que nos parece essencial.

A princípio, parece-nos urgente iniciar o mais rápido possível uma *reelaboração completa de nossos ensinamentos de instrução cívica* a partir de uma reflexão que tome o sentido contrário da ideologia atual — *grosso modo*, uma ideologia que, sem refletir, continua a sacralizar os cursos de direito constitucional para crianças e de lições de moral, sendo que tanto um quanto outro se mostram mais ou menos ineficazes e inúteis. Parece-nos indispensável mudar de ritmo e fazer com que o ensinamento do civismo se baseie essencialmente em uma coletânea de grandes obras literárias e filosóficas, mas também cinematográficas, uma coletânea que suscite de fato o interesse dos alunos e lhes permita compreender concretamente os desafios da ética coletiva nos dias atuais. Mais uma vez, o CAS está pronto para trabalhar em tal reforma, se assim for desejado.

Por outro lado, o que estamos esperando para finalmente pôr em prática as medidas que permitiriam *melhorar sensivelmente a formação profissional inicial*? Entretanto, elas são simples e infinitamente mais eficazes do que a maioria das estratégias de suporte habituais, cujos fracassos são patentes há decênios: *salas de aula em vez de colégios e escolas de excelência no caminho profissional pós-ensino médio*. A esse respeito, remetemos aos diferentes relatórios que o CAS já consagrou, ao menos parcialmente, a esses temas, sobre os quais também estamos prontos para nos exprimir de maneira bastante concreta. Seria inoportuno que uma enésima reforma dos liceus e dos colégios não levasse em conta esses imperativos de melhoria do caminho profissional, como sempre esquecido em benefício do único caminho nobre, aquele dos estudos gerais.

Em seguida, é preciso iniciar uma *reelaboração, igualmente bastante radical, dos ensinamentos de economia*. No contexto atual de incompreensão geral das obrigações impostas pela crise e por sua globalização, seria até necessário fazer dessa reelaboração uma verdadeira causa nacional. A época já não é de meias medidas, de estudos prévios nos manuais, de comissões de reflexão mais ou menos vagas sobre o longo prazo etc. É preciso estabelecer um grupo de trabalho que conduza o mais rápido possível a uma reforma arrojada dos programas. Esse grupo deveria ser pouco numeroso — no máximo uma quinzena de pessoas — e composto, em parte, de economistas de grande renome, em parte de especialistas do ensino, para que sua legitimidade não fosse questionada de imediato (ela o será de todo modo, mas mesmo assim não com tanta intensidade...).

Finalmente, apesar de todos os esforços envidados pelo extinto Conseil national des programmes [Conselho Nacional de Programas], *os atuais programas de francês e filosofia não conferem um espaço suficiente ao estudo das grandes obras e de sua história*. Extremamente centrados em exercícios formais — a dissertação, o comentário e a explicação do texto, o estudo dos gêneros e dos registros, da retórica, a análise de noções abstratas etc. —, eles não abrem espaço suficiente para o *conteúdo* das obras, para sua mensagem substancial, para a experiência humana, intelectual, moral, filosófica, estética, histórica etc. que elas encerram. No entanto, parece-nos que, perante o universo do consumo universal que descrevemos aqui, apenas as grandes obras estão realmente em condições de dar às crianças e aos jovens a distância crítica conveniente. Mais uma vez, o CAS está pronto para fazer propostas concretas nesse sentido.

IV. Um eixo "redução dos déficits": a questão da solidariedade entre as gerações

Ao voltar da China, Erik Orsenna* contou um dia a seguinte anedota: um amigo chinês lhe dissera que a França era um país incrível... não fosse pelo fato de que maltrata as crianças! E Orsenna se pôs a protestar, até o chinês se explicar: há maus-tratos caracterizados quando os adultos escolhem coletivamente comprometer o futuro de suas crianças deixando-lhes um gigantesco fardo, aquele da dívida e dos déficits públicos!

De fato, a crise atual conduz a uma incrível transferência da dívida privada para a dívida pública, transferência essa que nossos filhos logo terão de absorver se, como infelizmente é provável, continuarmos a não praticar claramente o rigor... No período atual, é compreensível a necessidade de se "fazer política" e o social para, como se diz, apagar o incêndio. *Repete-se de bom grado que quando a casa está pegando fogo não se pensa na conta de água. Que seja. Mas seria essa uma razão para provocar, no lugar do incêndio, uma inundação igualmente*

---

* Pseudônimo de Erik Arnoult, romancista e economista francês, igualmente formado em filosofia e ciências políticas. Desde 2000, é conselheiro de Estado. (N. T.)

funesta? Por enquanto, a transferência maciça da dívida privada para a pública não possui nenhum equivalente na história recente de nosso país. Ela vai contra todas as políticas orçamentárias reclamadas pela direita nos últimos anos. Digamos claramente: talvez o mais inquietante no período atual seja o fato de que as hipóteses de saída da crise não são animadoras. Para dizer a verdade, mal vemos três que são possíveis, todas bastante calamitosas. Assim que a crise começar a se atenuar (caso isso venha a acontecer...), três cenários parecem realmente concebíveis:

— Um retorno drástico — tão brutal quanto terá sido a transferência da dívida privada para a pública — a uma verdadeira política de rigor, assumida como tal com um plano de redução dos déficits e da dívida como jamais veremos em nossa história. Pouco provável politicamente...

— Uma inflação aceita pelo BCE* para anular a dívida e partir novamente de bases equilibradas, com o risco de arruinar os rentistas. Também pouco provável: o BCE nunca aceitará isso e, com 27 Estados membros, há poucas chances de a Europa concordar com tal política (que, no entanto, muito provavelmente seria, se não a melhor solução, pelo menos a única realista...).

---

* *Banque centrale européenne*: Banco Central Europeu. (N. T.)

— Por fim, o terceiro cenário, que é catastrófico, é o da fraqueza pura e simples dos Estados que já não podem pagar (aliás, como se sabe, alguns países europeus serão desclassificados em breve pelas agências de *rating*)...

Em todas as hipóteses, está claro que as dificuldades se encontram diante de nós e que a próxima quinquenalidade corre o risco de ser ainda mais difícil do que a atual! Portanto, não há dúvida de que é preciso fazer de tudo a partir de agora para conter os déficits o máximo possível. Os juros da dívida aumentarão cerca de seis bilhões de euros no próximo ano. Suponhamos que, em caso de urgência, seja necessário fazer política, mas suponhamos também que, em um prazo maior, venha a ser necessário refletir de outro modo.

Portanto, é um dever absoluto continuar a reduzir as despesas estruturais do Estado e das administrações. Esse dever é imperativo, para não dizer categórico, até porque não é preciso ser um expert para prever que os problemas criados pelo financiamento das aposentadorias, da saúde e da dependência só se farão agravar de maneira exponencial nos anos que estão por vir! Desse ponto de vista, o fracasso da reforma do liceu, que teria permitido uma economia de, no mínimo, oitenta mil postos, é bastante lamentável: a simples não repetência no primeiro ano do liceu representava quase vinte mil postos; a passagem de 34 alunos para 27 representava quase trinta mil postos, e a racionalização das opções com a organização em módulos ainda podia permitir ganhar com folga a mesma quantidade. Tanto que essa reforma era legítima e até útil no plano pedagógico. O erro inicial foi não ter começado com urgência, desde o início da quinquenalidade, essa excelente reforma — em vez de se perder em medidas referentes ao primário, ao mesmo tempo inúteis do ponto de vista orçamentário e contestáveis do ponto de vista pedagógico. É preciso retomar a questão.

Os outros caminhos da redução dos déficits são conhecidos. Há muito tempo foram explorados por um grande número de relatórios. *Mas o que falta para que se possa colocá-los em prática não é (ou, em todo caso, não apenas) a coragem, como se diz por toda parte, e sim uma pedagogia da opinião pública* — como foi o caso por ocasião da reforma das aposentadorias, por exemplo —, o que infelizmente o político não pode fazer sozinho, porque é sempre juiz e parte, e porque o sistema democrático implica a permanente contradição polêmica. *Para esse fim, sugerimos que se atribua essa missão principal de explorador ao Conseil d'analyse stratégique* [Conselho de Análise Estratégica], *e até mesmo, para ressaltar sua importância, que ele seja restabelecido em seu antigo nome de Commissariat au plan* [Comissariado de Planejamento]. Seria necessário que ele trabalhasse quase em período integral nessa perspectiva, também pensando, em termos de comunicação, no melhor meio de transmitir as mensagens sobre um tema tão ingrato. Se ninguém arregaçar as mangas, é quase certo que o problema será continuamente reformulado, de quinquenalidade em quinquenalidade, até se tornar, de fato, insolúvel.

V. Um eixo "Europa" que finalmente a apresenta como o bom nível para retomar as rédeas sobre um curso do mundo que a globalização está sempre tirando de nós

Precisamos nos render às evidências: há anos o discurso pró-europeu não consegue convencer porque é, com raríssimas exceções, ao mesmo tempo vazio e paliativo. Sobretudo em período de campanha eleitoral. Para que então prometer a paz e os direitos humanos às novas gerações quando, para elas, eles são evidentes? Por meio de qual milagre fazê-los acreditar que a ecologia, a economia ou o social passarão por uma política europeia... quando não existe Europa política — exceto, quase por milagre, durante o curto período da recente Presidência francesa — e ninguém nunca a vê em ação? Como mobilizar os estudantes mais esclarecidos em torno de projetos do tipo Erasmus,* se o número de bolsas é infinitesimal, e as dificuldades para obtê-las, quase insuperáveis pelo comum dos mortais? De que maneira realizar uma mobilização para que se compreendam as instituições, quando elas são objetivamente incompreensíveis para qualquer pessoa (e olhe lá!) que não tenha tido como profissão a obrigação de praticá-las? A verdade, como todo o mundo sabe, é que a Europa política, a Europa como potência não atrai... porque não existe! Como diz Hubert Védrine no excelente relatório que entregou ao presidente da República sobre a globalização, atualmente a União Europeia é mais comparável a uma vasta Suíça do que aos Estados Unidos: certamente é um espaço de direito, de paz e de prosperidade relativos, mas não uma entidade política capaz de influir no curso do mundo — o que, no entanto, seria necessário, dado o fato de que não nos encontramos exatamente em um mundo amigável, pacificado, nem estamos cercados exclusivamente de democratas benevolentes. Em resumo, para indivíduos

---

* Programa segundo o qual os estudantes podem realizar parte de seus estudos em outro estabelecimento europeu durante, no mínimo, três meses e, no máximo, um ano. (N. T.)

que, em sua imensa maioria e apesar de tudo, encontram a liberdade e a prosperidade (relativa) desde o berço em sua própria nação, tudo isso nada tem de mobilizador...

Para retomar, tanto quanto possível, o desejo de Europa e para englobar os projetos particulares em uma perspectiva mais genérica, que ao mesmo tempo permitiria dar finalmente mais sentido visível ao projeto europeu, mas também estabelecer o vínculo entre a Presidência francesa e as eleições europeias que a seguirão, é preciso partir daquilo que hoje incomoda os europeus, a saber, a globalização. Todas as pesquisas confirmam o quanto os europeus e, em particular, os franceses, sentem a globalização como uma ameaça. Provavelmente estão em parte errados, mas, como se diz, é preciso "se conformar" e tentar, ao mesmo tempo, compreender essa reação e responder a ela: pois, evidentemente, ao menos por enquanto, a União Europeia é vista — tanto por seus opositores quanto, de resto, por seus defensores — mais como um braço armado da adaptação de nossos velhos países à globalização liberal do que como um fator de resistência. Na maioria das vezes a criticamos justamente por isto: ela seria uma "coisa" pouco democrática que, de mãos e pés atados, estaria encarregada de entregar as velhas nações à barbárie globalizadora, à flexibilidade e ao *dumping* social... Mesmo à direita, o tema é delicado, ou talvez, melhor dizendo: se pouco convence as elites, faz fortuna alhures. Portanto, uma resposta se faz necessária, *uma vez que a situação constitui o desafio principal de uma "política de civilização": é no nível europeu que o projeto, para a França, de sair de uma política reduzida à simples técnica de gestão do cotidiano pode encontrar sua expressão verdadeira e acabada.*

Isso supõe que tenhamos algumas perspectivas a respeito de duas questões fundamentais: 1) de onde provém, em sua raiz, a hesitação francesa quanto à globalização e, por conseguinte, quanto à Europa (pois ambas estão amplamente ligadas); 2) o que propor como resposta a essas hesitações? A resposta a essas questões deveria ser central na próxima campanha eleitoral e debatida tanto à direita quanto à esquerda. Foi nessa ótica que nos pareceu necessário evocá-la ao final deste relatório.

Quanto ao primeiro ponto, três razões devem ser levadas em conta em primeira instância, partindo-se do nível mais factual em direção ao mais aprofundado:

— Inicialmente, se tivermos em mente os números evocados anteriormente — mais de sete milhões de nossos concidadãos vivem com menos de 800 euros por mês, um salário mínimo líquido de cerca de 1.000 euros e um rendimento médio de aproximadamente 1.300 euros —, haveremos de constatar que existem, por assim dizer, duas Franças, cada uma inspirada por temores inversos: a primeira, "rica, esclarecida e liberal", pensa que é necessário adaptar-se ao mundo, modificar o código trabalhista, o ISF, reduzir os déficits, as despesas do Estado etc. É a França das elites e dos diretores de empresa, aquela que teme que, por falta de reformas, o declínio acabe por se delinear no horizonte. Para a outra França, cada vez mais numerosa no período atual, a adaptação à globalização surge, ao contrário, como o horror econômico: ela significa mais precariedade, mais flexibilidade, menos proteção por parte do Estado, mais *dumping* social etc. *Rigorosamente, de nada adianta jogar uma França contra a outra, e a política tem por missão principal recosturar as duas partes para delas extrair o todo, tanto quanto for possível na esfera do bom-senso.* A isso se acrescenta o fato de que a maneira como o euro entrou em vigor — como um meio de obrigar a França a uma virtude da qual os políticos e os parceiros sociais eram, por si próprios, incapazes — tornou plausível a ideia de que a Europa era apenas o braço armado da globalização liberal e desregulamentadora. Resultado: 60% dos europeus (e não apenas dos franceses) acham que a Europa não protege contra a globalização.

— Uma segunda razão, histórica e cultural, explica de maneira ainda mais aprofundada a hesitação singular e específica dos franceses em relação à globalização, que, em sua opinião, permanece essencialmente "anglo-saxônica". A ideia republicana, que é nossa herança política mais importante, tanto à direita quanto à esquerda, construiu-se na época da Revolução Francesa com base na ideia de que a sociedade civil era, por natureza, "corrompida" (era o Antigo Regime) e de que a grandeza da política (do Estado moderno) consistia em lutar contra essa corrupção. O voluntarismo, aquilo que os grandes revolucionários chamam de "governo da virtude", é indissociável de nossa tradição republicana e, por razões fundamentais que aprofundam suas raízes até o classicismo francês (até o jardim geométrico de Versalhes ou as peças de Molière), rejeita toda política liberal: para os republicanos, a honra da reforma nunca é ir de baixo para cima (como na jurisprudência anglo-saxônica), mas sempre de cima para baixo (como no Código Napoleônico). Eis a razão para a resistência quase visceral à ideia liberal e para a força dos vestígios soberanistas, tanto à direita quanto à esquerda: ainda que a ideia europeia seja globalmente adquirida, eles estão sempre prontos para voltar à tona.

— Por fim, conforme demonstramos anteriormente, o surgimento dos mercados financeiros autônomos, bem como o da Internet, deu, não sem razão, a profunda impressão de uma "espoliação democrática", a convicção merecidamente partilhada por uma grande maioria de nossos concidadãos de que "o mundo nos escapa" e de que o problema político número 1 não é que os políticos têm poder demais (como se diziam em 1968), mas, ao contrário, não o têm de maneira suficiente, e que a impotência pública é uma ameaça diante do aumento das forças não domináveis da finança internacional. E não são a crise dos *subprimes* nem as hesitações atuais da Europa quanto a uma eventual política comum de recuperação que vão fazer frente a essa opinião. *Portanto, é urgente transmitir a impressão de que podemos retomar as rédeas, de que a política não morrerá, desde que realmente se torne não uma gestão a curto prazo, e sim uma autêntica "política de civilização".*

Desse modo, hoje tudo fala em favor da elaboração de uma visão do político que não seja simplesmente técnica. A esse respeito, a próxima campanha poderia valorizar três argumentos que não são ouvidos o suficiente no debate público:

— O primeiro refere-se à necessidade de defender e promover no mundo o modelo europeu. A ideia de um "modelo social francês" é contestável na mesma proporção em que a ideia de um modelo econômico e democrático europeu não o é. É nesse ponto que se faz necessário enraizar o projeto de uma política de civilização, e é preciso fazê-lo em torno de uma ideia simples e forte, muito bem desenvolvida por nosso colega Michel Foucher em um relatório sobre a Europa encomendado pelo CAS e que logo será publicado: a de "proteção sem protecionismo". Em geral, o protecionismo e até mesmo o "patriotismo econômico" são ideias simplistas quando não se preocupam com a reciprocidade. Em contrapartida, são imperativos em certos casos bastante precisos. Aqui, é necessário tomar exemplos que falam por si, como a famosa "bola de futebol paquistanesa": não há nenhuma razão para comprá-la se ela continuar sendo fabricada por crianças, desprovidas de toda proteção social, entre outras coisas. Nisso vemos novamente o quanto a questão da regulamentação, bem como aquela da luta contra o *dumping* social, passa mais por relações de forças do que por discursos abstratos sobre os direitos humanos!

— O segundo argumento a se fazer valer poderia ser formulado da seguinte forma: é por sermos soberanistas que somos pró-europeus! Para não jogar na defesa e não deixar que os antieuropeus imponham os temas de campanha, é necessário, logo de início, ser bastante ofensivo em relação aos soberanistas eurocéticos. É preciso fazer com que nossos concidadãos compreendam, igualmente por meio de exemplos adaptados, que é porque desejamos voltar a dar mais margem política à nação que temos de seguir rumo à integração europeia. O paradoxo é bastante simples de ser entendido: conforme vimos, no contexto da globalização, inúmeros processos econômicos, financeiros, mas também ecológicos e até societais escapam da influência dos Estados-nação, de maneira que os representantes políticos nacionais são infinitamente mais limitados do que pensamos em sua margem de ação. É evidente que, se o crescimento e o emprego dependessem apenas do ministro francês das Finanças, o problema já teria sido resolvido há muito tempo. Em muitos outros domínios, os limites do Estado nacional são igualmente evidentes: de que serve uma legislação francesa sobre os OGM* se nossos vizinhos não a adotam? Por que proibir a clonagem na França se ela é autorizada na Grã-Bretanha e na Bélgica? Como fazer com que nossas universidades e nossa pesquisa respondam aos desafios da concorrência americana se não fazemos uma aliança com os outros países europeus etc.? (Esses exemplos poderão ser multiplicados e desenvolvidos em outros domínios, segundo o público envolvido.)

---

* *Organismes génétiquement modifiés*: Organismos Geneticamente Modificados. (N. T.)

É evidente que, perante a globalização que nos priva em parte de nosso poder de controle sobre o curso do mundo, e perante o poder americano, a França sozinha, mas também a Alemanha, a Grã-Bretanha ou a Itália já não podem "fazer a diferença". É porque desejamos que a França mantenha ou reencontre todo o seu poder que a queremos integrada à Europa, única entidade política suscetível de, no momento oportuno, estar no nível dos desafios da globalização. Do contrário, será inevitavelmente um declínio trágico e irreversível. Eis por que, contrariamente à análise prematura e superficial dos soberanistas, que são falsos amigos da nação, "mais Europa significa mais França".

— Por fim, seria necessário acrescentar um terceiro eixo, que, no entanto, já evocamos amplamente em um relatório anterior: para mobilizar a juventude em torno da União Europeia, é preciso fazer com que ela valorize o interesse de engajar-se em projetos europeus. *O serviço cívico também poderia encontrar seu lugar nesse âmbito, certamente desde que lhe seja dado, como é mais desejável, uma real dimensão europeia.* Sobre esse ponto essencial, remetemos a nosso relatório consagrado ao serviço cívico.

CONCLUSÃO

Concluiremos com duas constatações atuais, que as análises e as propostas anteriores permitem colocar em perspectiva de maneira diferente.

A primeira é evidente, todavia deve ser lembrada: diante da crise econômica e financeira, depois social e política que atravessamos, as margens de manobra orçamentárias do governo são limitadas. É impossível anunciar toda semana novas medidas de recuperação, e os bilhões de euros já disponibilizados em favor do investimento não são extensíveis ao infinito. Reclamar um novo plano de recuperação pelo consumo parece pouco apropriado, para não dizer mais: além de conduzir à explosão ainda maior dos déficits, colocando, assim, em perigo a credibilidade do país e deixando uma dívida insuportável para as gerações futuras, nada leva a pensar que teria efeitos benéficos sobre as empresas *francesas* e, por conseguinte, sobre o emprego. Nas circunstâncias atuais e na perspectiva mais do que provável na qual a crise deveria, ao mesmo tempo, agravar-se e persistir por vários anos, tampouco deixa de ser verdade que devemos nos preocupar em saber como ajudar vigorosamente os mais desfavorecidos sem, no entanto, fazê-lo de maneira antieconômica e antiorçamentária: obviamente, trata-se de uma necessidade social e política em uma situação de emergência, porém seria mais do que desejável que também fosse resolvida com bomsenso no plano econômico, sem sobrecarregar o orçamento do Estado. É nesse sentido que se inscrevem nossas propostas — em particular aquela que se refere aos abonos familiares e aos fundos de solidariedade/autonomia.

A segunda constatação é que, diante dessa crise e levando-se em conta nossas observações sobre a debilidade relativa das margens de manobra orçamentárias, apenas a afirmação de um projeto de civilização sincero, equitativo e coerente pode permitir fazer frente ao risco não somente de um aumento dos extremos, mas também — o que é muito mais grave — de um aumento da impressão de que vivemos em um universo econômico, social e político ao mesmo tempo injusto e desprovido de sentido. O capitalismo está em crise, e esta, como mostramos, longe de ser anedótica e passageira, é essencial e estrutural, portanto, sem solução previsível a curto ou médio prazos. A verdade é que já não podemos viver no mesmo modelo de desenvolvimento da década de 1960. Doravante, isso é impossível tanto no plano econômico quanto no ecológico e até moral.

Por razões que analisamos aqui e que raramente são percebidas no debate público, o horizonte do consumo infinito e ilimitado já não é sustentável. Portanto, é indispensável propor um novo modelo de desenvolvimento e até mesmo um novo projeto de sociedade, outra visão do destino comum, em suma, para retomar uma expressão doravante consagrada, uma "política de civilização", sem a qual aqueles que, na mente de nossos concidadãos, estão associados politicamente ao sistema capitalista e que são vistos pela opinião pública como seus defensores "naturais" serão excluídos. É inútil insistir no fato de que muitos dos temas de campanha que conduziram à eleição do presidente da República foram tomados às avessas nos dias atuais: o liberalismo finalmente de volta, a ruptura com o "modelo social francês", o dinheiro sem complexos, a referência aos Estados Unidos, a vontade de fazer o Estado recuar e até mesmo o famoso bordão "trabalhar mais para ganhar mais".

Não se trata absolutamente de dizer que, no fundo, essas ideias são falsas. Porém, seja qual for o julgamento que delas façamos enquanto tais, pouco se pode duvidar de que, em termos de comunicação, em alguns meses elas se tornaram totalmente obsoletas. No entanto, é essencial perceber claramente no contexto atual as razões dessa reviravolta, que nada tem de anedótica. De resto, a presidência europeia da França já considerou em ampla medida essa mudança de atmosfera. Ela chegou a se dar em um ambiente político protetor e regulador, até mesmo tão intervencionista e tão pouco "liberal" que nos valeu o apelido de "criptocomunistas" por parte de nossos amigos tchecos... Evidentemente, esse julgamento é cômico, porém demonstra uma mudança de direção ideológica, cujas consequências devem ser tiradas se quisermos ao menos que a política reencontre uma coerência sem a qual ela se torna ilegível.

Por certo, estamos perfeitamente conscientes de que hoje pode parecer muito ambicioso e até mesmo pura utopia pretender tomar o caminho de um "novo projeto de sociedade" — tanto que, ao que parece, diante da crise econômica e social, nossos concidadãos, estimulados por sindicatos cujo poder simbólico não apresenta relação com a representatividade numérica, esperam, como é fácil compreender, atos e fatos, concretizações bastante tangíveis, a recuperação pelo consumo, por exemplo com medidas imediatas, referentes ao emprego e ao poder de compra, e não, pelo menos em um primeiro momento, ideias abstratas e projetos a longo prazo.

Nessas condições, toda proposta de maior alcance corre o risco de parecer, sobretudo se emanar do governo, uma medida dilatória. Por isso, talvez seja preciso esperar que a crise se instale ainda mais para que as verdadeiras questões surjam e para que possamos propor um novo horizonte de sentido e um novo projeto político. Por certo, paralelamente à elaboração de tal projeto de sociedade e de um novo modelo de desenvolvimento, é indispensável pensar em uma série de medidas concretas, na ausência das quais os discursos que se baseiam na construção de um grande propósito, por mais legítimo que seja, seriam desqualificados de imediato. Contudo, está claro que isso é o que o governo já se pôs a fazer com todas as suas forças e suas diversas medidas de recuperação, e, mais uma vez, é difícil imaginar como ele poderia fazer muito mais no estado atual das finanças públicas.

Portanto, estamos convictos de que é preciso ir mais longe, muito mais longe no caminho de um novo horizonte de sentido para a vida em comum. Por certo, dizemos isso com a maior humildade, tendo plena consciência de que obviamente não temos todas as chaves do problema, menos ainda todas as suas soluções. Não obstante, é urgente começar a formulá-lo corretamente. É o que tentamos fazer aqui, sabendo muito bem que, para ir mais longe, será preciso realizar um trabalho mais coletivo e mais aprofundado. É evidente, sobretudo, que a escolha de sustentar cada vez mais uma economia de criação com alto valor agregado em nossas grandes cidades e nossos polos de competitividade será provavelmente decisiva para nos dar os meios dessa nova concepção da política. Outros além de nós, e melhor do que conseguiríamos fazê-lo, mostraram o quanto essa reorganização de nossa economia rumo à inovação era decisiva para assegurar nosso crescimento em uma economia globalizada, pois o posicionamento no estágio "nível médio" de boa parte de nossas empresas as expõe à concorrência que cada vez mais conquista os países emergentes.

A crise que atravessamos não é necessariamente uma catástrofe em si, ainda que o seja, por certo, para aqueles que ela derruba e aos quais é imperativo acorrer. Para o conjunto da sociedade, ela pode até ser uma oportunidade para abrir os olhos. De resto, por enquanto apenas duas categorias, apesar de tudo minoritárias, são suas verdadeiras vítimas: digamos, para sermos breves, as "relativamente ricas" e os desempregados, aqueles que tinham ações na bolsa e que as viram desabar, de um lado, e aqueles que perdem seu emprego ou veem sua empresa entrar em falência, de outro. O aumento do desemprego é dramático — e corre o risco de sê-lo ainda mais nos próximos meses —, mas, quanto ao restante, na verdade nada mudou: até agora, aqueles que conservaram seu emprego não viram seu poder de compra diminuir nem um pouco desde o início da crise.

A verdade é que ela tem costas largas e que hoje lhe atribuímos de bom grado todas as dificuldades da vida em geral, mesmo quando elas não têm nenhuma relação com a situação presente enquanto tal. Por ser real, a redução do consumo não deixa de ser amplamente influenciada por motivos psicológicos e subjetivos, motivos nos quais o universo midiático, que há meses martela todos os dias que tudo vai mal, possui uma enorme parte de responsabilidade — o que, de resto, apesar das aparências, não é uma crítica, mas uma constatação. Mais uma vez, para a imensa maioria de nossos concidadãos, nada mudou, e o poder de compra é rigorosamente o mesmo do ano passado.

O que permite pensar que o mal-estar é mais profundo e que a crise propriamente dita só faz acelerar a conscientização do fato de que o universo do consumo ilimitado, induzido mecanicamente pela própria lógica da globalização, não é tolerável. Se a questão do poder de compra tornou-se primordial, no fundo não foi por razões objetivas, e sim subjetivas: de fato, objetivamente, o poder de compra dos franceses, com ou sem crise, encontra-se mais elevado do que nunca. Basta lembrarmo-nos da década de 1950 para vermos a que ponto o nível médio progrediu! E, se quisermos ter certeza disso, basta remontarmos ainda mais longe em nossa história. Ao reler Dickens ou *Os miseráveis* de Victor Hugo, poderemos fazer uma ideia do que era a realidade da miséria na Europa do século XIX. E, se não gostarmos de história, a geografia pode ser suficiente: que se vá então ver em Bombaim, em Salvador, na Bahia, ou mesmo no subúrbio de Pequim o que é a verdadeira pobreza! Não importa o que digam aqui ou acolá, estamos infinitamente longe disso!

Em contrapartida, do ponto de vista subjetivo, o sofrimento social é totalmente real. Uma sociedade que parece atribuir à vida humana como único horizonte de sentido apenas o do consumo, do "cada vez mais", é intrinsecamente insatisfatória. E isso por uma razão fundamental: a distância entre o aumento exponencial dos desejos e a evolução relativamente lenta do poder de compra só pode criar frustrações irremediáveis e cada vez maiores, sobretudo se essa sociedade também tiver a indecência de expor, sem o menor pudor, o fato maciço e bem visível das desigualdades, que, por serem o apanágio de um minúsculo número de indivíduos, não deixam de ser das mais revoltantes. O "cada vez mais" implica, como contraparte maléfica, o "nunca o suficiente!". Quando a vida em comum tem um sentido, a questão do poder de compra, pelo menos depois de passado o limiar da miséria, está longe de ganhar a importância que assume em uma sociedade que, conforme vimos, na verdade encontra maneiras e razões para organizar o *nonsense*.

Este é seu ponto fraco, e por razões econômicas, morais e estruturais totalmente fundamentais. Evidentemente, não é dando 150 ou duzentos euros a mais aqui ou acolá que mudaremos o que quer que seja no âmago do problema. Os auxílios, por mais bem-vindos que sejam no momento, sempre serão considerados insuficientes pelas categorias que os recebem, e aqueles que não têm essa sorte ainda por cima se sentirão esquecidos, para não dizer negligenciados e até mesmo insultados. Um aumento garantido de insatisfação! Precisamos finalmente desnudar essa lógica se quisermos ter uma oportunidade, se não de sair dela, ao menos de ultrapassá-la englobando-a em perspectivas mais amplas, como tentamos fazer aqui.

ANEXO

Carta de atribuição endereçada
pelo primeiro-ministro a Luc Ferry,
presidente delegado do Conselho de Análise
da Sociedade

Premier Ministre

Paris, le 1 9 JAN. 2009

Monsieur le Ministre,

Depuis 18 mois, nous poursuivons, sous l'autorité du Président de la République, une politique de réformes résolue, destinée à moderniser la France. Notre dynamique politique s'inscrit dans un monde en pleine transformation dont il est souvent difficile de fixer les repères. Le XXème siècle s'éloigne rapidement de nous, mais les horizons du XXIème siècle ne sont pas définis.

La crise financière et économique est venue balayer un grand nombre de certitudes anciennes. Certitudes politiques, économiques, culturelles, philosophiques. Tous ces bouleversements récents, toutes ces ruptures, méritent d'être mesurés et leurs conséquences doivent être évaluées sur le moyen terme.

Ce processus de transformation n'a, au demeurant, pas commencé avec la crise actuelle. Avec la fin du monde bipolaire, la mondialisation s'est imposée de façon désordonnée. Elle bouscule le statut des anciennes puissances industrielles. Elle place notre modèle économique et social sous la pression d'une concurrence aigue. Elle nous oblige à repenser les conditions de notre prospérité et de notre solidarité. Elle nous contraint également à restructurer les équilibres internationaux car ce monde ouvert et global a besoin de régulations. L'Europe, pour sa part, s'est élargie, mais demeure encore en quête d'un dessein politique commun. Enfin, de nouveaux défis, notamment celui du développement durable, interpellent notre conception du progrès. Telles sont quelques-unes des mutations sur lesquelles le Conseil d'Analyse de la Société s'est déjà, en partie, penché.

La France de demain doit se réfléchir aujourd'hui ! Plus que jamais, il nous faut pouvoir cerner les principaux changements qui sont à l'œuvre depuis un demi-siècle. Il faut anticiper les évolutions probables, recenser des solutions possibles, fixer des lignes d'horizon. La crise que nous traversons doit être une occasion de nous projeter vers l'avenir. Elle doit nous conduire à imaginer le modèle français de demain.

Monsieur Luc FERRY
Ancien Ministre

Qu'est ce qui a changé en quelques décennies ? Qu'est qui est appelé à changer au cours des prochaines années ? Comment y préparer notre pays sur le moyen terme ? Ces trois questions, dont je mesure l'étendue, je souhaite les soumettre à la réflexion du Conseil d'analyse de la société que vous dirigez. La qualité et la pluralité de ses membres me semblent un gage pour mener à bien cette analyse prospective dont j'entends pouvoir disposer des conclusions dans le courant du mois de mars 2009.

Je vous prie d'agréer, Monsieur le Ministre, l'expression de mes sentiments les meilleurs.

François FILLON

Ao primeiro-ministro

Paris, 19 de janeiro de 2009.

Exmo. Sr. Ministro,

Há 18 meses, sob a autoridade do Presidente da República, seguimos uma política de reformas determinada, destinada a modernizar a França. Nossa dinâmica política inscreve-se em um mundo em plena transformação, cujas referências muitas vezes é difícil estabelecer. O século XX distancia-se rapidamente de nós, mas os horizontes do século XXI não estão definidos.

A crise financeira e econômica veio varrer um grande número de certezas antigas. Certezas políticas, econômicas, culturais, filosóficas. Todas essas mudanças recentes e todas essas rupturas merecem ser medidas, e suas consequências devem ser avaliadas com base no meio-termo.

De resto, esse processo de transformação não começou com a crise atual. Com o término do mundo bipolar, a globalização se impôs de maneira desordenada. Ela subverte o estatuto das antigas potências industriais, coloca nosso modelo econômico e social sob a pressão de uma concorrência acirrada, obriga-nos a repensar as condições de nossa prosperidade e de nossa solidariedade, força-nos igualmente a reestruturar os equilíbrios internacionais, pois este mundo aberto e global precisa de regulamentações. De sua parte, a Europa se ampliou, mas continua em busca de um propósito político comum. Enfim, novos desafios, especialmente o do desenvolvimento durável, interpelam nossa concepção do progresso. Essas são algumas das mutações sobre as quais o Conselho de Análise da Sociedade em parte já se debruçou.

A França de amanhã deve refletir sobre si mesma hoje! Mais do que nunca, precisamos poder delimitar as principais mudanças que estão em prática há meio século. É necessário antecipar as evoluções prováveis, recensear soluções possíveis, fixar linhas de horizonte. A crise que atravessamos deve ser uma ocasião de nos projetarmos no futuro. Deve conduzir-nos a imaginar o modelo francês de amanhã.

Luc FERRY
Ex-ministro

O que mudou em alguns decênios? O que está destinado a mudar ao longo dos próximos anos? Como preparar a médio prazo nosso país para essa mudança? Desejo submeter essas três perguntas, cuja extensão posso calcular, à reflexão do Conselho de Análise da Sociedade que Vossa Excelência dirige. A qualidade e a pluralidade de seus membros me parecem uma garantia para levar a bom êxito essa análise prospectiva, cujas conclusões eu gostaria de poder receber durante o mês de março de 2009.

Cordialmente,

François FILLON